子どもがいきいき動き出す!

小学校国語

言語活動アイデア事典

■二瓶 弘行 [編著]
■国語"夢"塾 [著]

明治図書

日々の小さな言語活動と,組織された大きな言語活動の両者が相まって
1年間の子どもたちの言葉の力の成長がある

　全国津々浦々の5年生の国語教室。
　私たち教師は,椋鳩十の「大造じいさんとがん」を中心学習材にして,物語の授業を構想します。また,増井光子の「動物の体と気候」などを学習材に,説明文の授業づくりを考えます。
　当然のことながら,物語の授業でも説明文の授業でも,「単元」を組織します。その単元において,どんな「言葉の力」をはぐくもうとするのか。そのためにはどれぐらいの授業時数が必要となるのか。
　そして,そういったことを考えるうえで重要になるのが,「言語活動」をどのように位置づけるか,ということです。言うまでもなく,国語科において言語活動とは,「読むこと」「書くこと」「話すこと」「聞くこと」の4つのジャンルを指します。この言語活動を通して,確かな言葉の力,すなわち「読む力」「書く力」「話す力」「聞く力」を子どもたちにはぐくむことが,国語科教育の責務です。だからこそ,どのような言語活動を組織・展開するかが,授業づくりの核となるのです。
　ただ,このような単元,ときには十数時間に及ぶ大きな単元だけで,子どもたちに言葉の力をはぐくんでいるわけではありません。毎日毎日,子どもたちは様々な国語の学びをしています。この日々の様々な学びの中で,少しずつ少しずつ言葉の力を獲得しているのです。
　単元での「大きな言語活動」に対して,この日々の様々な学びは,「小さな言語活動」と言ってもよいでしょう。
　このように,日々の小さな言語活動と,組織された大きな言語活動の両者が相まって,1年間の子どもたちの言葉の力の成長があるのです。

　今,教室現場では,単元における大きな言語活動が大変重視され,その在り方を模索する実践書がたくさん出されています。だからこそ,本書ではあ

えて日々の小さな言語活動に焦点を当てました。
　本書には，各学年ごとに吟味された，全部で72本という豊富な言語活動のアイデアが収録されています。また，そのジャンルは，「話す・聞く」「創作」「語彙」「読書」「話し合い」「作文・日記」「説明文」「物語文」「文法」「家庭学習」「古典」と，実に多岐にわたっています。

　本書には，日々の国語授業，ひいては子どもたちの生活すべてを通して，確かな言葉の力をはぐくもうとする私たちの願いが込められています。
　執筆を担当したのは，国語"夢"塾の仲間である教師たちです。
　彼らはみな，全国各地で国語の授業づくりに懸命に取り組みながら，この国語"夢"塾に定期的に集まり，明日の国語授業について真剣に学び続けてきている，熱意あふれる，力ある国語教師です。
　その中でも，特に精力的な実践者である6人の教師，新潟の岩崎直哉，愛知の山本真司，京都の宍戸寛昌，香川の藤井大助，青森の弥延浩史，長野の小林康宏が，1年から6年までの学年発達段階を検討し，仲間たちのアイデアをとりまとめるという，編集の中心的な役割を担いました。

　私たち小学校教師の仕事は，たくさんたくさんあります。その仕事の中でも，最も大切な仕事は，授業を通して子どもに学力をつけることです。
　その学力の根幹にあるものこそが，言葉の力だと私は思います。
　言葉を読む力，言葉を書く力，言葉を話す力，言葉を聞く力。これらの言葉の力は，あらゆる教科・領域の学びを支える力です。
　そして，この言葉の力は，教室での学びを超えて，子どもたち一人ひとりがこの時代を生きていくために必要不可欠な力なのです。
　子どもたちが，言葉といきいきとかかわりながら，確かな言葉の力を身につけていく，そんな学級をつくりたい。
　私たち教師のだれもが抱いている願いです。その実現のために，本書が少しでも参考になることを願っています。
　2015年6月

　　　　　　　　　　　　　　　　　　　　　　　　　　　　二瓶弘行

Contents
もくじ

はじめに
日々の小さな言語活動と，組織された大きな言語活動の両者が相まって
１年間の子どもたちの言葉の力の成長がある

第1章 すべての子どもたちに確かな「言葉の力」を

筑波大学附属小学校　二瓶弘行

- ❶ 教師である私が子どもたちに託す「願い」　……10
- ❷ ３冊の詩集　……11
- ❸ 言語活動「詩の語り」の意義　……11
- ❹ たくましく，優しき学級集団を　……12

第2章 今日からできる言語活動のアイデア72

1年

「いつ・どこゲーム」で楽しく文のしくみを知ろう！	（文法）	14
「お話リレー」でストーリーをつなごう！	（創作）	16
「ことばあつめゲーム」で言葉をたくさん知ろう！	（語彙）	18
「ことばけつリレー」で大事なことを判断しよう！	（話す・聞く）	20
五・七・五のリズムに親しもう！	（創作）	22
「ことばすごろく」で言葉を楽しもう！	（語彙）	24
読み聞かせに参加しよう！	（読書）	26
3つのまとまりで日記を書こう！	（作文・日記）	28
「あったかことば」で受け止めよう！	（話し合い）	30
「問い」と「答え」を見つけよう！	（説明文）	32
「問い」と「答え」を表にまとめよう！	（説明文）	34
ネームプレートで考えを発表しよう！	（物語文）	36

2年

「なりきり詩」を書こう！	（創作）	38
「お題ことば」で感性を磨こう！	（語彙）	40
3人で1つのお話をつくろう！	（創作）	42
3つの視点で観察記録文を書こう！	（作文・日記）	44
「でも」を使ってエピソードを語ろう！	（文法）	46
「聞き方名人」になろう！	（話す・聞く）	48
「はじめ」「中」「おわり」をばっちり分けよう！	（説明文）	50
「もやもや→つまり→例えば」で感想交流を深めよう！	（話し合い）	52
「○○おたずねクイズ」で質問力，応答力を鍛えよう！	（話す・聞く）	54
お気に入りの本を紹介しよう！	（読書）	56
「発表ゲーム」でつけたす力を身につけよう！	（話し合い）	58
「10秒ミニスピーチ」で話すことに慣れよう！	（話し合い）	60

3年

物語のダウトを探せ！	（物語文）	62
「私の何でもベスト3」で学級全員スピーチ名人！	（話す・聞く）	64
オリジナルの読書カードをつくろう！	（読書）	66
「人間段落構成」で説明文の理解はバッチリ！	（説明文）	68
「続きが読みたくなるはじめの一文」を考えよう！	（作文・日記）	70
「リレー物語」をつくろう！	（創作）	72
「ローマ字しりとり」でローマ字名人になろう！	（文法）	74
「短冊作文」をつくろう！	（作文・日記）	76
説明文の型を見分けよう！	（説明文）	78
「本の福袋」をつくろう！	（読書）	80
「説明文パズル」で段落構成を把握しよう！	（説明文）	82
「大もりの文」を書こう！	（語彙）	84

4年

「今月の漢字」で1か月を振り返ろう！	（創作）	86
「スピーチハウス」に文章をまとめよう！	（話す・聞く）	88
クイズを交えて本の紹介をしよう！	（読書）	90
「ブックスタンド」で読んだ本を紹介しよう！	（物語文）	92
国語辞典っぽい文を書こう！	（文法）	94
お気に入りの一冊の「ポップ」をつくろう！	（物語文）	96
本のシリーズを紹介しよう！	（読書）	98
音読のポイントを押さえよう！	（物語文）	100
コツコツ学びをまとめよう！	（家庭学習）	102
「話さなかったことは何か」を考えよう！	（話す・聞く）	104
「空想作文」を楽しく書こう！	（作文・日記）	106
「5ミニッツ」で話し合いを楽しもう！	（話し合い）	108

5年

「マイブーム」をすいせんしよう！	（話す・聞く）	110
３つの視点でギュッと絞った意見文を書こう！	（作文・日記）	112
学級の「歳時記」をつくろう！	（語彙）	114
「ブラインドブックデート」をしよう！	（読書）	116
「未来日記」でなりたい自分になろう！	（作文・日記）	118
３つの視点で伝記をまとめよう！	（読書）	120
ショートタイムで伝え合おう！	（話す・聞く）	122
ショートタイムでどんどん書こう！	（作文・日記）	124
結末のうたを考えよう！	（創作）	126
立場と理由がはっきり伝わる意見文を書こう！	（話し合い）	128
「行事新聞」づくりで記事の書き方名人になろう！	（創作）	130
最高学年へステップアップしよう！	（作文・日記）	132

6年

詩を１枚の図に表そう！	（創作）	134
ペアで「新聞スピーチ」をしよう！	（話す・聞く）	136
マップで簡単に意見文を書こう！	（説明文）	138
「リレー読書」でいろんな本と仲良しになろう！	（読書）	140
１分間で授業を振り返ろう！	（話し合い）	142
「比べる」視点で古典の音読マスターになろう！	（古典）	144
「１回で終わらない質問や意見」を考えよう！	（話し合い）	146
修学旅行の思い出の１枚でスピーチしよう！	（話す・聞く）	148
「卒業カウントダウンカレンダー」をつくろう！	（作文・日記）	150
本を選んで調べよう！	（語彙）	152
保護者懇談会を予想して物語を書こう！	（作文・日記）	154
別れる友に四字熟語を贈ろう！	（創作）	156

第1章 すべての子どもたちに確かな「言葉の力」を

筑波大学附属小学校　二瓶弘行

❶教師である私が子どもたちに託す「願い」

　春４月。私の教室に，40人の子どもたちが目を輝かせながらやって来た。彼らは，まだ未熟な，小さな小さな人間たち。
　そんな彼らとの出会いの日に，１枚の学級だよりを配付して読んであげる。そこには，「夢のクラス」と題した文章が載っている。これから新しい学級をともに創っていく40人の子どもたちへの，担任としての私の願いである。
　それは，たくましく，優しい人が学び合う学級集団を創ること。

> **夢のクラス**
> 　そのクラスでは，誰もが話したくてたまらない。ある話題について自分の思いを言葉で表現しようと，誰もが適切な言葉を探すことに必死になる。思いを託せる言葉をもてたら，仲間に伝えようと懸命に挙手する。
> 　そのクラスでは，誰もが仲間の考えを受け取りたくてたまらない。ある話題について仲間はどう考えるのか，自分と同じなのか違うのか，知りたくて仕方がない。だから仲間の発する言葉に必死に耳を傾ける。
> 　そのクラスでは，言葉を媒介に，思いを伝え合うことの重さを誰もが知っている。言葉は，「自分らしさ」を仲間に伝え，仲間の「その人らしさ」を受け取る重要な手段であることを，学級集団全員が「価値」として共有する。
> 　そのクラスでは，言葉が，静かに生き生きと躍動している。

　自分らしさを言葉で表現することに躊躇しない「たくましさ」，そして，**仲間のその人らしさを精一杯に受け取ってあげようとする「優しさ」**を合わせもった40人が創り上げる学びの空間。
　いつの年の子どもたちも，その後の１年間，私と一緒にこのたくましさと優しさの空間を創る，クラス集団を追い求め続けてきた。

❷ 3冊の詩集

　今，私の教え子たちは，3冊の詩集を持っている。
　2冊は私の編集したアンソロジー『贈る詩50』と『続・贈る詩50』（共に東洋館出版社）。この2冊は，4月の段階で彼らの誕生日プレゼントとして全員に渡した。誕生日になると私が「おめでとう」のサインをしてあげる。
　もう1冊は，『百の詩集』。この簡素に製本された詩集は，私がこれまでの教員人生で収集した数百編の詩の中から，ぜひ子どもたちに与えたいと選んだ100編を編纂したものである。彼らに，この手づくりの詩集を国語の教科書と一緒に毎日ランドセルに入れてくるように話す。そして国語の授業の最初に必ずみんなで少しずつ読み合っていくことを伝える。そして，100編の中から1編でよいので，大好きな詩を見つけ，暗唱するように指示した。**「語り」の学びのスタート**である。

❸ 言語活動「詩の語り」の意義

　語りをする子どもは，「目」を聞き手の仲間たちに向けることができる。それによって，自分が精一杯の工夫をして語っているその瞬間の聞き手の反応を確かめることができる。悲しい場面を工夫して語る際に，その悲しさを聞き手にわかってもらえているか，うれしい人物の心情を語る際に，そのうれしさが伝わっているか，自分の目で確認しながら表現することができる。
　だから，語りをする子どもに，自分の視線を聞き手全員に巡らすことを指導する。まっすぐ前を見るのではなく，「あなたにも，あなたにも，私の語りを聞いてほしい」という思いを目に込めて，語らせる。そんな表現者の思いが伝わってこない自己表現，目力のない語りは，聞いていて寂しい。
　もう1つ，語りの特徴として，「表情」がある。朗読・音読では十分には工夫できない，語り独特の観点と言える。読み取った場面の空気，人物の心

情を顔の表情で表しながら語りをする。あるときには悲しさを暗い表情で，あるときには微笑みを浮かべながら語る。

語りは，一方で「聞く」ことの極めて重要な学習活動でもある。

教室の前の方で，仲間の1人が自分の大好きな詩を一生懸命に語っている。彼は，座っている39人の仲間全員に自分の語りを聞いてもらおうと，視線を巡らせながら語っている。だからこそ，私は下を向いて聞くわけにはいかない。しっかりと語り手の目がある方を見て聞かなければ失礼だ。そして，もし，語り手の視線が自分の方に向いて目が合ったら，そのときは「私は確かにあなたの語りを聞いているよ」と目で応えてあげよう…。

語りは，単なる表現活動ではない。**語り手と聞き手が一体となって創り出す「言葉で伝え合う」活動**である。

❹たくましく，優しき学級集団を

子どもたちは，1年間ずっと，3冊の詩集ののべ200編の中から大好きな詩を選んで，語り続けてきた。幸運なことに，彼らにはその語りを聞いてくれる人たちが仲間以外にも多数いた。公開授業参観や研修のために，教室にいらっしゃる全国各地の先生たちである。先生方は，彼らの語りを目の前で，ときには涙を浮かべながら聞き，そして，拍手をして頭をなでてほめてくださる。それが，彼らにとって，どんなに大きな学びになることか。「自分らしさ」を見知らぬ他者にしっかりと受け取ってもらえるという，きわめて得難い貴重な機会を，先生方は彼らに与えてくれた。

今，子どもたちは，自分の大好きな詩や物語を「聞いてください」という強い意志を目に込めて語ることを心から求める。彼らは，**自分の思いを言葉で話すことに躊躇しない「たくましさ」**をもつ。

そして，今，彼らは，**39人の仲間の精一杯の自己表現を強い目力で受け取ろうとする「優しさ」**をもつ。

私は，そんな40人の教え子たちが，たまらなく愛おしい。

第2章 今日からできる言語活動のアイデア72

 p.14

 p.38

 p.62

 p.86

 p.110

 p.134

「いつ・どこゲーム」で楽しく文のしくみを知ろう！

時間：15分程度

ジャンル：文法

活動のねらい

文には基本要素（4W／いつ・どこ・だれ・なに）があることを，ゲームを通して楽しみながら習得する。

◀活動の概要

低学年のうちに，「いつ」「どこで」「だれが」「なにをした」といった最低限の要素をそろえて，文を構成する力を身につけさせたいものです。

そこで，次のような手順で楽しく様々な文をつくらせて遊びます。

① 4人で一組になり，一文を4枚のカード＝「いつ」「どこで」「だれが」「なにをした」の順で記入する（下品なこと，人を傷つけることはNG）。
② カードをそれぞれ4つの山に集め，シャッフルする（右ページ上の写真）。
③ 上から順にとり，できた一文をみんなで声に出して読んでみる。

右ページ下の写真のように，意図せずにおもしろい一文ができ上がり，教室中が笑いに包まれます。

慣れてきたら「なぜ」「どのように」を増やして6組にし，5W1Hにすることもできます。その場合，語順を入れ替える必要が生じ，より知的なおもしろさが伴います。グループごとに相談させ，一番おもしろい文を発表させると，大盛り上がりです。

ポイント！

● ゲームを通して，繰り返し文をつくる経験を積ませるべし！

カードを4つの山に集め，シャッフルします

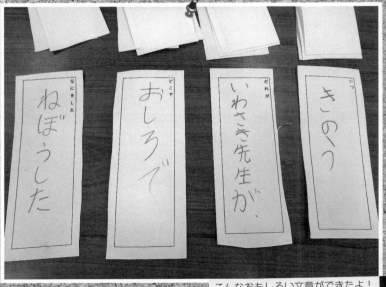

こんなおもしろい文章ができたよ！

「お話リレー」で
ストーリーをつなごう！

時間 | 10分程度

ジャンル  創作

活動のねらい

少しずつ文章をつなげながら1つの物語をつくっていく活動を通して，友だちの話を聴く意識や協働して活動に取り組む意識を高める。

活動の概要

これからの時代に求められるアクティブ・ラーニング型の授業が成立するためには，「話を聴く」「協働して活動に取り組む」姿勢が必要になります。「お話リレー」は，そのような学習態度をはぐくむ言語活動です。

基本的な流れは次の通りです。

①教師が設定場面と終末場面とを提示します。
②子どもは，設定場面の続きからお話を創作し，グループでリレーのようにストーリーをつないでいきます。
③最後の子は，教師が提示した終末場面に結び着くようにお話をつくります。

絶対のルールは，残酷なお話にしないことです。たとえ悪者が登場しても，死んだり，大けがをしたりするストーリーにはしないことを約束してから活動に取り組みます。

班ごとにお話をつくって比べ合ったり，何日もかけて学級全員で1つの物語を紡いだり…と，様々なパターンで楽しむこともできます。

ポイント！

●ストーリーの破綻は気にせず，子どもの豊かな発想を大切にするべし！

1グループずつ前に出て発表。マイクが小道具として効果的です

授業で使っている掲示物やパペットを活用するのもおすすめです

「ことばあつめゲーム」で言葉をたくさん知ろう！

時間　10分程度　　ジャンル　語彙

活動のねらい
集めた言葉の数を競うゲームを通して，楽しみながら語彙を増やす。

活動の概要

　1年生には，国語の授業を中心にできるだけたくさんの言葉を獲得させたいものです。そこで，ひらがなの学習と並行して，「ことばあつめゲーム」をしていきます。

　お題に合う言葉を集めていくだけの簡単なゲームです。制限時間内にいくつ集めることができるかを競います。最初のうちは，途中でペアの子とノートを見合う時間をとります。お互いに書いていない言葉があれば追加してもOKというルールにします。こうするとどの子も安心して参加できます。語彙が増えてきたら，ペアで見合う時間はなくし，1人で考えて書く時間をより多くします。多く書けた子だけほめるのではなく，努力の過程もほめることを意識すると，学級全体の意欲が高まっていきます。

　慣れてきたら，宿題として出すこともできます（自主的に家で練習してくる子もいます）。簡単にできるので，子どもたち同士でお題を決めてゲームをするようにもなります。

ポイント！

❶ゲームを楽しむために，日ごろからたくさんの言葉に親しませるべし！
❷クラスの実態に合わせて，ゲームの内容を変化させるべし！

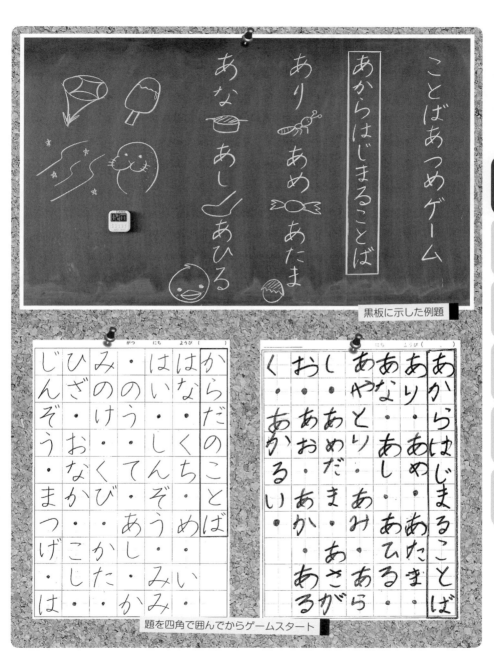

第2章 今日からできる言語活動のアイデア72

「ことばけつリレー」で大事なことを判断しよう！

時間　10分程度　　ジャンル　話す・聞く

活動のねらい
複数の情報を聞いたり伝えたりすることで，情報の重要度を判断することができるようになる。

活動の概要
「ことばけつリレー」は，順番に情報を伝達していく伝言ゲームに，どの情報がより大切かを考える判断を組み込んだものです。

①4〜5人の1列を1チームとして，はじめに「遠足に持って行くもの」のようなテーマを全体に提示します。

②教師は先頭の子を集め，「バナナはおやつです」「おやつはもって行きません」のようにテーマに関係する情報を4，5回に分けて伝えます。

③2番目以降の子は，伝わってきた情報がテーマに対してどれぐらい重要かその都度考え，「すごく大切」「少し大切」「大切じゃない」といった判断を加えて次の子に伝えます。

④一番後ろの子は，伝わってきた情報を絵にまとめます。この例では，あらかじめ印刷されたリュックの絵の中に持って行くべきだと思うものをかき，持って行くべきでないと思うものはリュックの外にかきます。

⑤最後に，全チームの絵を並べて示し，類似点や相違点を確かめます。

ポイント！
●ただ伝えるだけでなく，情報の重要度を判断する機会をつくるべし！

「これはすごく大切だよ！」

となりのチームの絵と違うところはどこかな？

第2章 今日からできる言語活動のアイデア 72　21

五・七・五の
リズムに親しもう！

時間 10分程度

ジャンル  創作

活動のねらい

五音，七音，五音のリズムに合わせて言葉遊びをすることを通して，日本の韻文等に多用される五七，七五などの調子に親しむ。

◼️活動の概要

五音，七音，五音の短文をつくるだけのシンプルな言語活動です。NHKのEテレで放送されている番組『にほんごであそぼ』でも「ごもじもじ」という名称で親しまれている言葉遊びです（番組ホームページでは「俳句」と位置づけられていますが，必ずしも季語が入っているわけではありません。番組中では独特のメロディに合わせて作品が詠まれます）。

慣れるまでは，最初の五音や最後の五音を教師が指定してつくるようにします。例えば，運動会の時期なら，最初の五音を「玉入れは」としたり，最後の五音を「エイエイオー」にしたりします。活動に慣れてきたら，「運動会に関係があるもの」などとテーマだけ与えて考えさせます。

教師は，一人ひとりの個性が光る言葉選び，言葉づかいを見とって，大いにほめましょう。

繰り返し取り組んでいくことで，日本語のリズムが身体に染み込んでいく言語活動です。

ポイント！

●字余り，字足らずを気にせず，自由な表現を大切にするべし！

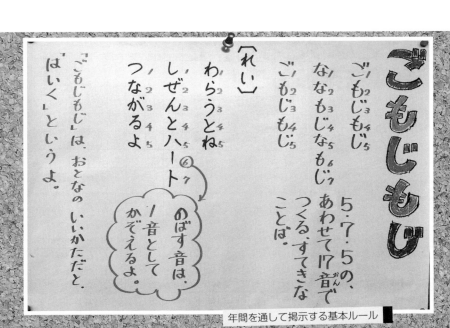

年間を通して掲示する基本ルール

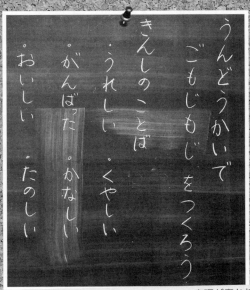

主観的な感想語彙を徐々に制限することで，表現が磨かれていきます

「ことばすごろく」で言葉を楽しもう！

時間 15分程度

ジャンル 語彙

活動のねらい

グループの友だちと「ことばすごろく」を楽しむことを通して，語彙を増やす。

活動の概要

　１年生の子どもたちはゲームが大好きです。この活動は，その大好きなゲームを通して，楽しく語彙を増やしていくことが目標です。

　普通のすごろくと同じ要領で，４人グループで順番にさいころを振って進んでいきます。ただし，止まったマスには，「やさいのなまえ（１しゅう）」「さいごに『い』のつくことば（２つ）」といった言葉に関する指令が書いてあるというのがポイントです。

　「１しゅう」とはグループ全員が１つずつ答えることで，「２つ」とはさいころを振った子が２つ答えることです。

　このすごろくは，指令の内容や答え方の指定の仕方で，難易度を変えることができます。学級内で言葉の力に大きな差がみられるような場合も，グループごとにプリントを選択できるようにしておけば，どの子も楽しく遊ぶことができます。

ポイント！

❶ゲームを通して楽しく言葉の力をはぐくむべし！
❷指令の内容や答え方の指定の仕方で，難易度を変えるべし！

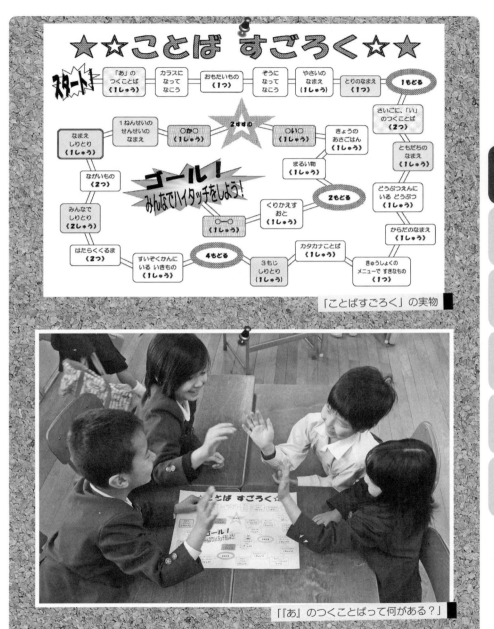

「ことばすごろく」の実物

「『あ』のつくことばって何がある？」

読み聞かせに参加しよう!

時間: 10分程度

ジャンル: 読書

活動のねらい

ただ聞くだけでなく,能動的に読み聞かせにかかわることを通して,聞く力を高める。

■活動の概要

1年生は,本がとても好きです。まだ,字がすらすら読めない子も,読み聞かせてもらうことが好きです。そこで,ただ読み聞かせを聞くだけでなく,子どもが能動的にかかわることができる読み方を取り入れてみましょう。

- ●登場人物の人数
- ●人物の登場する順番
- ●場面の移り変わり

など,物語をなんとなく聞いているだけではわからないことを,要所で尋ねてみます。

はじめは聞き漏らしていることも少なくありませんが,物語の授業で重要なことを学習していくうちに,ポイントを押さえて聞けるようになります。

おすすめは,繰り返しの多い絵本です。子どもたちが,楽しみながら聞く力を高めることができます。

ポイント!

❶先生も読み聞かせを楽しむべし!

❷繰り返しの多い絵本で,楽しみながら聞けるようにするべし!

質問されることがわかっていると集中して聞きます

「わかった!」みんな一斉に答えを指さします

3つのまとまりで日記を書こう！

時間　15分程度

ジャンル　作文・日記

活動のねらい

文章のまとまりを意識することによって，形式段落で整理された日記を書けるようになる。

活動の概要

　以下のような3つのまとまりに分けるという簡単なきまりをつくるだけで，1年生でも形式段落で整理された日記を書くことができるようになります。
①〜しました。〜にいきました。
②くわしく
③ ♥ きもち

　②の「くわしく」の部分は，1文→2文→3文…のように少しずつ分量を増やしていきます。さらに，会話文を入れるようにすることでレベルアップをはかります。まとまりごとに，改行し冒頭に①，②，③（♥）をそれぞれ書かせますが，慣れてきたころにこれらを消すようにすると，形式段落の1マスあけが自然とできるようになっています。
　この3つのまとまりに分ける日記の書き方は，朝の会のスピーチにも応用することができます。

ポイント

❶「くわしく」の内容を変化させ，日記をレベルアップするべし！
❷朝の会のスピーチにも応用するべし！

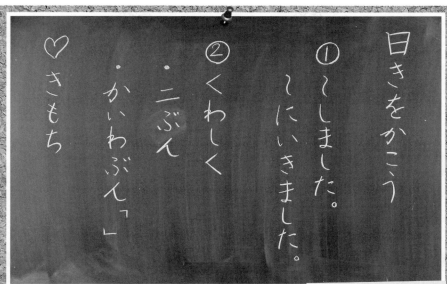

きまりを板書して提示します

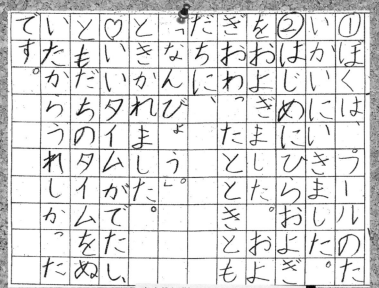

きまりに従って書いた子どもの日記

「あったかことば」で受け止めよう！

時間　授業の中で随時

ジャンル　話し合い

活動のねらい

話し合いに主体的に参加し，友だちが発言したことに反応して能動的に聞けるようになる。

活動の概要

話し合いを活性化させたいという気持ちは，どの教師ももっているはずです。そのために，聞くことを重視している方も多いことでしょう。でも，子どもがきちんと話を聞いているかどうかは，わかりにくいものです。

そこで，「あったかことば」を活用してみましょう。

「あったかことば」とは，友だちが発表したあとに，受容的，肯定的な反応をすることです。

● 納得…「うんうん」「そうだね」
● 理解…「そうか」「なるほど」「ほんとうだ！」

などと反応することにより，子どもたちは受動的ではなく，能動的に聞くことになり，話し合いが活性化します。経験を積ませると，だんだんと自然に言葉が出るようになっていき，学年が上がるにつれてレベルアップした質問ができるようになります。

ポイント！

❶ 最初は言葉がぎこちなくても，継続指導するべし！
❷ 笑顔で話し合いができるように，あったかい雰囲気で進めるべし！

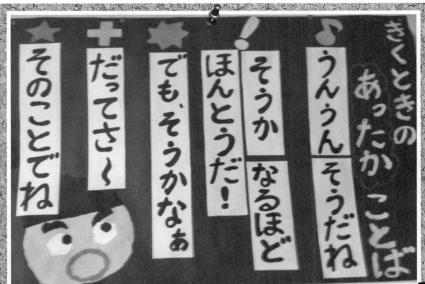

「あったかことば」の掲示

うなずきながら話を聞き，「あったかことば」で反応します

第2章 今日からできる言語活動のアイデア72

「問い」と「答え」を見つけよう！

時間：授業の中で随時
ジャンル：説明文

活動のねらい

説明文のしくみを理解して、自分の力でまとまりを見つけられるようになる。

◀活動の概要

低学年の説明文は、「問い」と「答え」の関係になっているものが多くあります。説明文に出会ったときには、この問いと答えを自分の力で見つけられるようにしたいものです。

まず、例えば、「いくつの生き物が出てくるかな？」などのように、問いと答えを意識しやすくするクイズを行います。

そして、一緒に教科書の問いに赤いサイドラインを引いて確認します（「問い」という言葉が難し過ぎるようであれば、「はてな」という言葉で置き換えてもよいでしょう）。

その後は、子どもたちに、教科書の答えに青いサイドラインを引かせていきます。

さらに、まとまりごとに四角で囲ませる（「はこ」をつくらせる）ことで、意味段落の学習につなげます。

ポイント！

❶ 「問い」と「答え」を意識しやすくするクイズを行うべし！
❷ 「はこ」をつくることで、意味段落を意識させるべし！

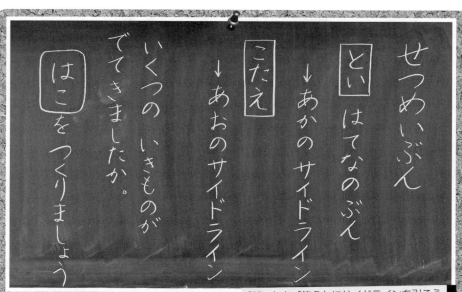

「問い」と「答え」にサイドラインを引こう

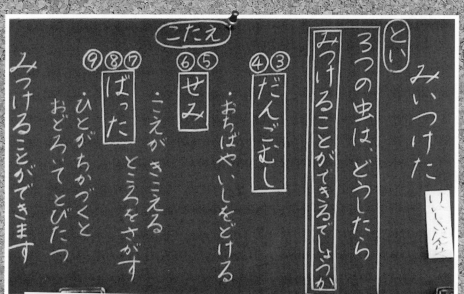

「答え」が全部見つかったかな？

「問い」と「答え」を表にまとめよう！

時間　授業の中で随時　　ジャンル　説明文

活動のねらい

表にまとめることによって，説明文の「問い」と「答え」の関係をより正確に理解できるようになる。

■活動の概要

1年生で学習する説明文は，「問い」と「答え」がはっきりしたものが中心です。しかし，問いと答えの位置が離れているために，その関係がわかり難い場合があります。

そこでおすすめなのが，問いと答えを表にまとめるという方法です。

例えば，説明文の本文と表のフレームを印刷したワークシートを準備します（1年生の最初のころは，表の中に問いを書いておいてもよいでしょう）。そして段落ごとに番号をつけ，それぞれの段落から，答えを見つけて表の中に書き込ませていきます。

問いが複数あるような説明文では，問いにも番号をつけるようにします。答えの文章を全部書くのが大変な場合などにも，慣れてくれば，右ページ下の写真のようにノートに自分で表をつくり，番号だけで簡潔にまとめられるようになります。

ポイント！

❶最初のうちは，「問い」はワークシートにあらかじめ示しておくべし！
❷慣れてきたら，表自体も子どもにつくらせるべし！

問い	どうしたらみつけることができるでしょうか？（①）		
	④	③	②
	この中にそれぞれの答えを書きます		

最初のうちは、「問い」はあらかじめ示しておきます

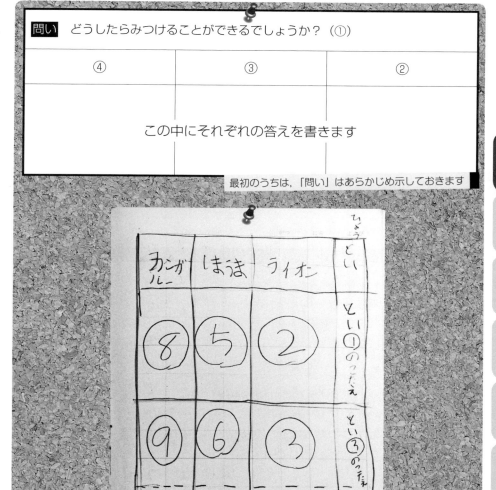

慣れてきたら、ノートに自分で表をつくらせます

ネームプレートで考えを発表しよう！

時間	授業の中で随時

 物語文

活動のねらい

物語を場面ごとに区切って考え，友だちの考えと比較する中で読みを深めていく。

活動の概要

　物語の授業では，場面ごとに区切って考えを書かせるワークシートを準備すると効果的な場合があります。これには，物語の展開（場面の変化）が明らかになるだけでなく，前の場面に戻って追記したり，他の子どもの考えに付け足して発言したりしやすくなるなどのメリットがあります。

　子どもの考えを聞いていく際にも，ワークシートと同じように板書を場面ごとに区切って構成します。ある程度考えが出尽くしたら，自分と同じ考えのところにネームプレート（裏にマグネットをつけた名札）を貼らせます。その状況によって，どの考えが多いのか，どの場面の考えを深めていけばよいのか，といったことがわかりやすくなります。

　話し合いに入っていくときも，黒板のネームプレートを見れば，指名順を考えることが容易になります。発表した子の磁石を裏返せば，意見を聞いたかどうかもすぐにわかります。

ポイント！

❶場面ごとのワークシートのよさを活用するべし！
❷自分の考えをネームプレートで表明させるべし！

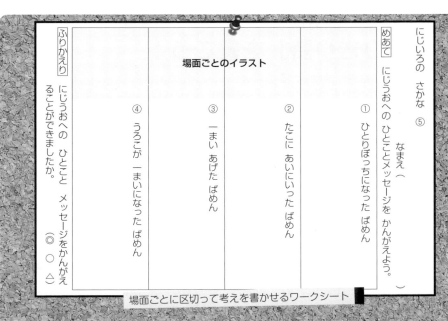

場面ごとに区切って考えを書かせるワークシート

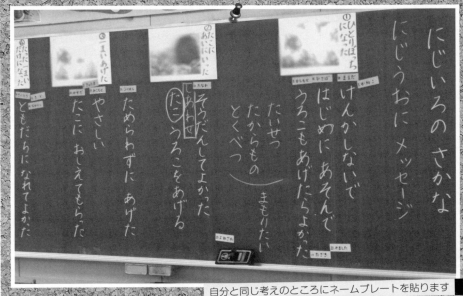

自分と同じ考えのところにネームプレートを貼ります

「なりきり詩」を書こう！

時間　45分　ジャンル　創作

活動のねらい

「のはらうた」で詩の語り手の存在を知り、自分が語り手になりきる「なりきり詩」を書けるようになる。

活動の概要

　工藤直子さんの「のはらうた」をいくつか紹介し、「どんな野原の仲間が書いたのかな？」と３～４つクイズ形式で楽しくやりとりをします。

　その後、「自分でも書いてみよう！」と投げかけます。「どんな生き物になりきろうか？」と問う中で、「生き物ではなく、ものでもいい？」という子どもの発言が出たら、そういったものも認めます。

　何になりきるのかだけを決め、あとはのびのびと書かせていきます。鉛筆が進まない子には、「何が見える？」「何が聞こえる？」「どんなにおいがする？」など、具体的に問いかけることで、詩の世界のイメージをふくらませていきます。

　時間に余裕があれば、色画用紙を使って、ちぎり絵風に詩の世界のイメージを表します。

ポイント！

❶オノマトペを使うなどして、子どもらしい作品に仕上げさせるべし！
❷「だれの鉛筆になりきるの？」「野良猫？　ペットの猫？」などと声をかけながら、具体的な状況をイメージさせるべし！

いつまでもカチコチ　　時計　カチコチ

わたしは二年二組の時計
毎日同じ場しょにいるからつまらない
でも、みんなの声が聞こえたり、がんばってべん強しているところが見える
わたしは、このままずっとずっとカチコチうごいていく　いつまでも

「二年二組の時計」のようにより具体的なものになりきるのがポイント

よつばのクローバー　　よつば　みどり

よつばのクローバーは、めずらしい
だから、なかなかみつけられない
わたしは、かくれんぼの天才だ

詩の世界のイメージをちぎり絵で表現

「お題ことば」で感性を磨こう！

時間　1週間　　ジャンル　語彙

活動のねらい

写真を見て，その様子を表す言葉を考える活動を通して，言葉への興味を広げたり，語彙を増やしたりする。

■活動の概要

言葉に対する興味・関心を高めたり，感性を磨く学習は，言語事項の単元として各教科書に掲載されています。しかし，教師が単元の中だけでとらえると，一過性の学習で終わってしまいがちです。有効な言語活動は，継続されてこそその力を発揮します。

月曜日の朝に，その週のお題となる写真を教室に掲示します。そして，授業のすきま時間や休み時間を使い，お題の様子を表す言葉を考えさせます。写真の横には下のような3つの箱を設け，短冊に言葉を書いて投稿します。

①ひびき箱……オノマトペで表した言葉を入れる
②くわしく箱…修飾語を用いた言葉を入れる
③たとえ箱……比喩表現を用いた言葉を入れる

金曜日には，投稿された短冊を紹介し，上手な表現，豊かな表現など友だちの言葉に触れて感じたことを交流し合います。子どもたちは，月曜日のお題提示を心待ちにするようになります。

ポイント！

●言語活動は，継続してこそ効果ありと心得るべし！

写真と3つの箱をセットします（写真は陸前高田市「奇跡の一本松」）

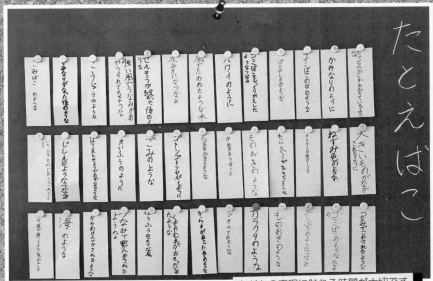
友だちの表現に触れる時間が大切です

3人で1つのお話をつくろう！

時間 20分×3　ジャンル 創作

活動のねらい

三部構成の物語を3人で創作することを通して、お話づくりの楽しさを味わう。

活動の概要

プロットを設定し、題名から結びまでを1人で創作するお話づくりは、子どもの意欲を高める活動です。ここで紹介するお話づくりは、その創作を3人でします。3人で「はじめ」「中」「おわり」をそれぞれ担当することによって、物語に思いがけない展開が生まれます。

A（はじめ）→ B（中）→ C（おわり）→ A（題名）
B（はじめ）→ C（中）→ A（おわり）→ B（題名）
C（はじめ）→ A（中）→ B（おわり）→ C（題名）

上のように、「はじめ」の部分をつくった子が、友だちが書いた「中」「おわり」の部分を読み、最後に題名をつけます。

作品が書き上がったら、「はじめ」「中」「おわり」を三角柱の側面にそれぞれ貼ります（上の面には題名と作者3人の名前を書きます）。子どもたちは三角柱をくるくると回して読み合い、お話を楽しみます。

ポイント！

❶作品を介した子どもたちの交流や対話を大切にするべし！
❷作品（三角柱）は参観日に掲示するべし！

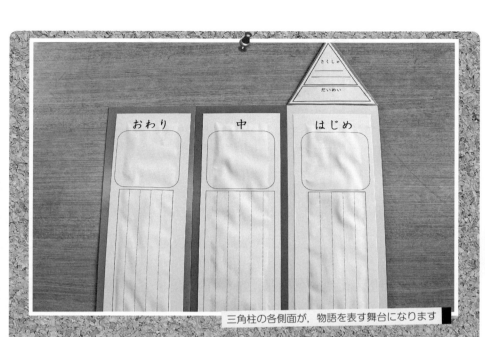
三角柱の各側面が,物語を表す舞台になります

思いがけない物語の展開がおもしろい!

第2章 今日からできる言語活動のアイデア72 43

３つの視点で観察記録文を書こう！

時間　15分程度

ジャンル　作文・日記

活動のねらい

与えられた３つの視点で対象を観察し，より詳細な観察記録文を書けるようになる。

活動の概要

生活科の栽培や探検等の活動で欠かせないのが観察記録文です。大きくなっていくアサガオの様子や，バッタの足の形など，せっかくおもしろい素材があっても，観察記録には全体的な印象しか書けていない子が少なくありません。

そこで，何をどのように見るのかという視点を与えたうえで観察させ，その視点に基づいて観察記録文を書かせます。

与える視点は次の３つです。

①鳥の視点…鳥になったつもりで，対象の上方向から広く見る
②虫の視点…虫になったつもりで，対象にできる限り接近して大きく見る
③魚の視点…魚が潮目を見るように，流れや動きを見る

低学年のうちに３つの視点を常に意識して観察させることで，対象へのアプローチと，観察記録文の記述の仕方が大きく変わっていきます。

ポイント！

❶３つの視点の違いを常に意識するよう指導を続けるべし！
❷人とは違う気づき，描写をしている子どもの記録をモデルにするべし！

3つの視点の違いは，具体的な事象を通して繰り返し指導します

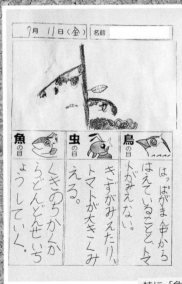
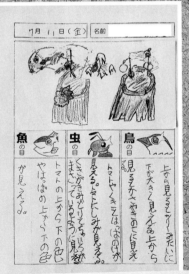

特に「魚の目」には子どもなりの気づきが多く書かれます

「でも」を使って エピソードを語ろう！

時間：10分程度

ジャンル： 文法

活動のねらい

話の中で，逆接の接続詞「でも」を効果的に使うことができるようになる。

◧活動の概要

　子どもがある日のエピソードを話したとします。下の2つを比べてみてください。

A　昨日，大好きなカレーライスを食べました。
　　おいしかったので，たくさん食べました。
B　昨日，大好きなカレーライスを食べました。
　　でも，食べ過ぎてお腹が痛くなりました。

　Bの方がより強く印象に残るエピソードではないでしょうか。これは，逆接の接続詞「でも」を用いると，話が予想外の展開を見せるからです。

　がまくんは，手紙をもらったことがなくて悲しい気もちだった。
　でも，手紙をもらえてうれしい気持ちになった。

　このように，あらゆる物語の展開も，「でも」を使うことで，短くまとめることができます。筋のおもしろさは，逆接で生まれます。

　教師が最初の一文を示し，子どもがどんどん「でも」を使って2文目をつなげていくなど工夫すると，短い時間で楽しく学んでいくことができます。

ポイント！

●活動の工夫で，「でも」のおもしろさをたくさん体験させるべし！

- ●昨日，アイスクリームを買いました。
  でも，落としてしまいました。

- ●夜，おばけが出たと思いました。
  でも，よく見ると弟でした。

- ●昨日，弟とけんかをしました。
  でも，負けて泣いてしまいました。

- ●大好きなパイナップルをいっぱい食べました。
  でも，口がいたくなりました。

- ●今日は，雨がふってしまいました。
  でも，おかげで本がたくさん読めました。

- ●運動場で転んでしまいました。
  でも，友だちがやさしく声をかけてくれました。

びっくりしたこと，うれしかったこと…日常の「でも」体験交流

- ●おじいさんとおばあさんは，貧しい暮らしをしていた。
  でも，最後はお金持ちになった。

- ●春はなかなかこなかった。
  でも，春風が目をさまして春が来た。

- ●のび太は，道具を使って得意げだった。
  でも，結局，使い方をまちがえてしまう。

- ●シンデレラは，お姉さんたちにいじめられていた。
  でも，お姫様になった。

物語の中の「でも」を見つけよう

第2章　今日からできる言語活動のアイデア 72　47

「聞き方名人」になろう！

時間 5分程度

ジャンル 話す・聞く

活動のねらい
話し手に目を向け、うなずくなどの反応をしながら聞けるようになる。

活動の概要

　話すという行為は、聞く相手がいてはじめて成立します。ですから、話す力をつけるためには、聞くことにも目を向けていく必要があります。

①2人組になり、「自分の一番好きな○○」について1分ずつ話をすることを伝えます（○○に当てはまるテーマは実態に応じて教師が決めます）。

②聞き手になったときは、「最初の30秒は、話し手に目を向け、うなずくなどの反応をしながら聞くこと」「次の30秒は、横を向いたり下を向いたりしながら聞くこと」を伝えます。

③話し手に、どちらの聞き方が話しやすかったか感想を求め、話す相手がうれしくなるような聞き方のできる人が「聞き方名人」だと伝えます。

　翌日からも、朝の会などを使ってペアでテーマについて話をし合う活動を続けます。その際、必ず「聞き方名人でね」と一言伝えます。授業の中でも、このような聞き方を意識させていくことで、相手の話に耳を傾けようとする姿勢が根づいていきます。

ポイント！

❶理想的な聞き方とそうでない聞き方の両方を経験させるべし！

❷「聞き方名人」という印象的な名称をうまく使うべし！

話し相手に目を向け、反応しながら聞きます

話し相手に目を向けるという習慣は、授業の中でも生きてきます

第2章 今日からできる言語活動のアイデア72

「はじめ」「中」「おわり」を ばっちり分けよう！

| 時間 | 授業の中で随時 | ジャンル | 説明文 |

活動のねらい

上下に並んだ似た構造をもつ2つの文章を比較しながら読んでいくことで，「はじめ」「中」「おわり」に分けられるようになる。

活動の概要

説明文の授業では，文章を「はじめ」「中」「おわり」の3つに分ける機会がよくあります。

しかし，2年生ぐらいの段階では，文章の基本的な構造がまだよく理解できていないために，なかなかうまく分けることができない子が少なくありません。

そこで，似た構造をもつ2つの文章を上下に並べて黒板に提示し，比較しながら読んでいくことで，「はじめ」「中」「おわり」の分かれ目に気づかせていきます。

右ページの例では，以下のような共通点が見られます。

- ●段落数が同じである。
- ●1段落（はじめ）に問いがある。
- ●6段落（おわり）が「このように」という言葉から始まる。

ポイント！

●似た構造をもつ2つの文章を上下に並べて黒板に提示するべし！

似た構造をもつ２つの文章を上下に並べて黒板に提示

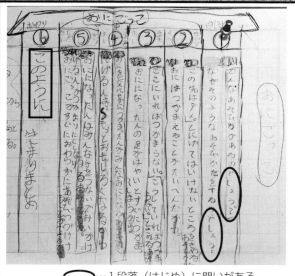
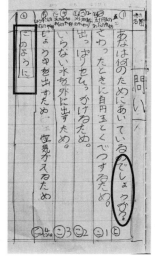

◯…１段落（はじめ）に問いがある
□…６段落（おわり）が「このように」という言葉から始まる

２つの文章の共通点を探し出します

「もやもや→つまり→例えば」で感想交流を深めよう！

時間　10分程度　　ジャンル　話し合い

活動のねらい

「もやもや→つまり→例えば」という流れを学級で共有して，感想交流を深めることができるようになる。

■活動の概要

朝会での校長先生の話の後，絵本の読み聞かせの後，行事の後，授業を終えた後…，学校生活で子どもが感想を述べ，交流する機会はよくあります。

そんなとき，一部の子の表面的な感想の発表にとどまってしまいがちではないでしょうか。例えば，校長先生の話を聞いて，よくわからなかった子もいるかもしれません。また，よく理解している子でも，その話と自分の実生活とのつながりまでは考えていないものです。

そこで，感想交流の際に，どんなことを話すとよいのかを示します。

まずは，少しだけわかったことがある子，何となくしか言えない子から手をあげて話すようにします（もやもや）。

ある程度の発言が出たところでそれらをまとめ，ずばり何を学んだのかを話すようにします（「つまり，…」と発言させます）。

そして，関連する自分の体験を話します（「例えば，…」と発言させます）。

つまり断片的な理解→まとめ→自分の体験と，感想を深めていくのです。

ポイント！

●感想交流の流れを学級で共有するべし！

「野球の話でした」
「最後の回に,けがをしたって言っていました」
「もやもやなんだけど,けがをした相手選手をおんぶしたって話だったかな…」
「敵なのに助けたからすごい」
「つまり,勝ち負けよりも大事なことがあるってことだと思う」
「人にゆずるってことにつながると思います」
「私も,人に優しくしたいです」
「例えば,ドッジボールで,仲間とボールを取り合わないようにしたい」
「私も,ドッジボールで勝ち負けだけにこだわりすぎないようにしたい」
「例えば,もし友だちがけがをしたら,大丈夫って言ってあげたいです」

朝会での校長先生の話についての感想交流の例

朝会での校長先生の話についての感想交流の例
「緊張したけど,大きな声で言えてよかった」
「お母さんたちが,見守ってくれたからがんばれたのかな…?」
「○○さんが,元気いっぱいにやっていたから勇気をもらえた」
「みんなが聞いてくれたからうれしかった」
「つまり,学んだことは,力を出し切ると楽しいってこと」
「みんなが応援してくれているから,がんばれるんだ」
「これからも,がんばって声をしっかり出していきたいです」
「例えば,授業のときも,みんなの方をしっかりと見て発表したいです」
「今も,話し合いをしているから,ちゃんと話すのが大事」
「話し合いでは,聞くときも,発表する人を応援するつもりで聞きたいです」

学習発表会を終えた後の感想交流の例

「○○おたずねクイズ」で 質問力，応答力を鍛えよう！

時間　15分程度　　ジャンル　話す・聞く

活動のねらい
クイズを通して，質問したり，応答したりする力を高める。

活動の概要

「○○おたずねクイズ」は，子どもたちが，出題者・回答者それぞれの立場に立ちます。回答者は，出題者に答えのヒントになりそうなことを尋ねていきます。ただし，質問は3回までです。つまり，出題者には回答者から出される質問に応じた説明が求められ，回答者には答えが限定されていくように，質問の内容や順序を意識することが求められます。

例えば，出題者が，「牛」「しまうま」「犬」「猿」「豚」の5つの写真を提示し，答えは「牛」だとします。回答者が「大きさはどれくらいですか？」と質問すると，出題者は「結構大きいです」と答えました。この解答により，「牛」「しまうま」「豚」に絞られます。次に「どのように鳴きますか？」と質問すると，出題者は「『モー』です」と答え，2つの質問で「牛」という答えにたどり着きました。この例では，2つ目の質問を最初にしていれば，1回で答えに至っていたわけですが，問題が難しくなると，質問の内容や順番を練らなければ，3回で答えにたどり着けないものも出てきます。

ポイント！

❶回答者には，答えが限定されるよう質問の内容や順番を意識させるべし！
❷出題者には，回答者の意図を汲んで応答させるべし！

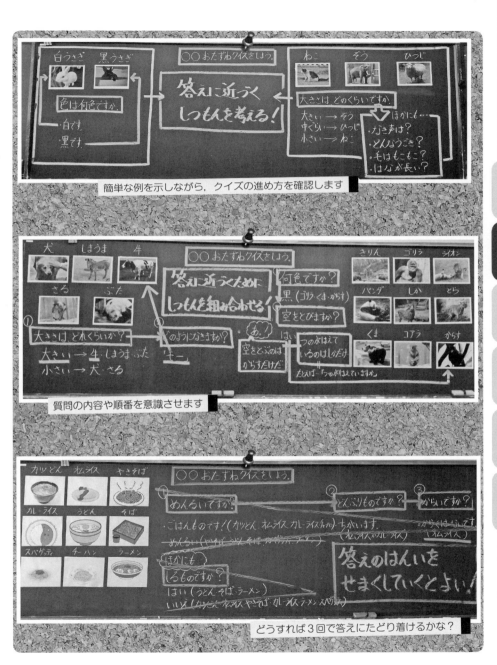

お気に入りの本を紹介しよう！

時間　10分程度　　ジャンル　読書

活動のねらい
作品の叙述を交えたりしながら，聞いている人が読んでみたくなるような本の紹介ができるようになる。

活動の概要
2年生ともなると，自分のお気に入りの本が増えてきます。しかし，「その本のどんなところが好きなの？」と尋ねても，なかなかうまく説明することができません。そこで，登場人物に注目して，どんなところが好きなのかを整理，発表する活動を行います。

1日に数名ずつ，自分が読んだ本について，「登場人物のどんなところが好きなのか」を発表させます。はじめは，「優しいところ」「強いところ」など抽象的な表現で語られますが，続けていくうちに「何度も何度も声をかけてがんばっているところ」というように，作品の叙述を交えながら紹介できる子どもが出てきます。そのときを逃さず，「文章に書かれている言葉を使って紹介すると，聞いている人も読みたくなるね」と大いにほめます。

さらに，大好きなところを本の題名とあわせて記録させます。学期末にそれを発表する機会を設けると，子どもの意欲が持続します。

ポイント！
❶よい表現が出てきたところで，すかさずほめるべし！
❷学期末に発表会をすることは，はじめに伝えておくべし！

記録したことを発表する機会を設けると,子どもの意欲が持続します

お気に入りの本をペープサートで紹介するのもおすすめ

第2章 今日からできる言語活動のアイデア72

「発表ゲーム」で
つけたす力を身につけよう！

時間 15分　　ジャンル 話し合い

活動のねらい

「発表ゲーム」を通して、友だちの考えにつけたしができるようになる。

活動の概要

　話し合いの際には、自分の考えを発表するだけでなく、友だちの考えをしっかり聞き、「つけたし」ができるようになってほしいものです。そんな聞く力、つけたしの力を育てるのにおすすめなのが、この「発表ゲーム」です。

　まず、「山が好き？　海が好き？」「肉が好き？　魚が好き？」「犬が好き？　猫が好き？」「春夏秋冬のどの季節が好き？」など、2～4つ程度の選択肢の中からどれか1つを選ぶ質問をします。質問の内容は、「だれでも答えられる」「どれか1つの選択肢に偏りが出ない」の2点がポイントです。

　そして、選んだ理由を挙手して発表させます。その際、友だちの発表をよく聞いて、自分の理由と似ている、近いと思う場合「○○さんの意見につけたしです」と宣言させます。例えば、「外遊びと中遊びでは、私は中遊びの方が好きです。理由は、けがしていてもできるからです」という意見に対して、「○○さんの意見につけたしです。中遊びは、けがしているときだけでなく、雨でも、いつでもできます」といったようにつけたしをさせます。

ポイント！

❶だれでも答えられる質問内容にするべし！
❷似た意見のときは「つけたし」を宣言させるべし！

答えやすい質問にすることで、一斉に手があがります

友だちと似た意見を発表するときは「つけたし」を宣言させます

「10秒ミニスピーチ」で話すことに慣れよう！

時間　10分程度　　ジャンル　話し合い

活動のねらい
1人10秒のスピーチを交流することで，全体の場で話すことに慣れる。

活動の概要

　日直の1分間スピーチを取り入れている学級は多いことでしょう。しかし，声の大きさ1つとっても，なかなか向上しません。これは，全体の場（人前）で自分の思いを伝えるのに慣れていないことが大きな原因です。

　そこで，1人10秒で全員が順番にミニスピーチを行います。慣れてくると，40人学級でも7〜8分程度で全員が発表できるようになります。テンポよく進めていくことで，聞き手も飽きずに聞くことができます。

　お題は，「連休中，心に残ったエピソード」「この1週間でうれしかったこと」「最近おいしかった食べ物」など明るくなれるテーマがおすすめです。

　慣れないうちは，ノートに書かせたうえで，「黒板君に話してみましょう」と投げかけ，1人で練習する場を設けます。

　話し手には，「声の大きさ」「視線／体の向き」「自分だけの内容」などの，聞き手には「うなずき」「視線／体の向き」「拍手」などの指導事項をそれぞれ示し，話し方，聞き方の向上をねらいます。

ポイント！
❶聞き方も指導し，温かな雰囲気づくりに努めるべし！
❷指導にこだわり過ぎず，教師も一緒にスピーチを楽しむべし！

最近おいしかった食べ物のスピーチ（様子を表す言葉を使って）

●先週，家族で焼き肉を食べに行きました。アツアツでおいしかったです。

●お母さんがつくってくれたカレーライスにオムレツがのっていたのがふわふわでおいしかったです。

●昨日はとても暑い一日だったので，コンビニで買ったアイスクリームが冷たくておいしかったです。

●家族でお寿司を食べに行きました。トロトロでおいしかったので，サーモンばっかり注文しました。

「だれの食べ物を食べたくなった？」と尋ね，よいスピーチを確かめ合います

最近，笑った家族とのエピソード（会話文を使って）

●昨日，弟がお風呂に入ろうとして，「あちち〜，やけどする〜」って言っていたのがおもしろかったです。

●前に，私がねぼけていて，パパに「ママ〜」って言っちゃって，みんなで笑いました。

●この前，うどん屋さんに行ったとき，お父さんが「仕事辞めて，うどん屋さんになろうかな」と言っていたのがおもしろかったです。

●前，家にゴキブリが出てきて，いつもは怖いお父さんが「ギャ〜，ママ助けて」と言っていたのがおもしろかったです。

会話文を入れることで，臨場感を出します

物語のダウトを探せ！

時間 10分程度　**ジャンル** 物語文

活動のねらい

物語の誤って語られる部分を指摘する活動を通して，注意深く聞く力や叙述の一語一語にこだわる習慣を身につける。

活動の概要

小学校も3年目になると，子どもたちは国語の授業の中でいくつもの物語に出合ってきています。そこから物語を1つ選び，一部の言葉や文をわざと間違えて読み聞かせてみましょう。これによって，注意深く話を聞き取る力を育てたり，一語一語にこだわって叙述を読み聞きする習慣を身につけさせたりすることができます。加えて，読書を楽しむ動機づけにもなります。

① 読み聞かせのねらいを子どもに伝える（間違えていると思った箇所で，「ダウト！」と言って挙手し，指名されたら正しい言葉や文を答える）。
② 読み聞かせをする。
③ 感想を交流し，次に取り上げてほしい物語を子どもから募集する。

取り上げる物語は，情景描写が豊かな内容や，明るく楽しい展開のものがおすすめです。また，子どもを読み手にして，どの部分を間違えて読むかを考えさせると，さらに盛り上がります。

ポイント！

- 「さんねん峠」（李錦玉）のような情景描写が豊かな物語や，明るく楽しい展開の物語を選ぶべし！

「あるところに，さんねん峠とよばれる峠が…秋には，かえで，がまがえる…」

「ダウト！『がまずみ』でしょっ！」

第2章 今日からできる言語活動のアイデア72

「私の何でもベスト3」で学級全員スピーチ名人!

時間　5分程度

ジャンル  話す・聞く

活動のねらい
「私の何でもベスト3」の発表を通して、聞き手にわかりやすいスピーチを構成したり、聞き取りやすい声の出し方を工夫したりできるようになる。

活動の概要

朝の会は、クラスの一体感を高めたり、その日の活動に見通しをもったりするための大切な時間です。年間200回に及ぶ20分間の朝の会において、計画的にスピーチ活動を行えば、着実に話す力を伸ばすことができます。

スピーチには、例えば「サイコロトーク」のように、いくつかの中から無作為でテーマを選ぶ方法があります。一方、「私の何でもベスト3」のように、全員が同じテーマに取り組む方法もあります。

同じテーマでスピーチすることのよさは、人前で話すことが苦手な子どもでも、上手な友だちのまねをしながら上達していけることです。また、型が定着すると、頭の中で内容を構想できるようになり、話す速さや声の大きさ、目線などにも気を配ることができるようになります。さらに、スピーチの原稿も、報告文や説明文と同じように「はじめ」「中」「おわり」の三部構成でできることがわかると、書く力の基礎を養うこともできます。

ポイント!

❶モデルを示して、わかりやすい原稿を書くポイントを示すべし!
❷大勢の前で話すときのポイントを明示し、話す力を高めるべし!

内容を大きく3つの部屋に分けます

| おわり | なか | はじめ |

はじめ：
これから、朝のスピーチを始めます。私のテーマは、「好きな色ベスト3」です。

なか：
第三位は、水色です。海の色に似ていて、さわやかな感じがするからです。
第二位は、黄緑色です。草や木の葉のように自然にある色だからです。
第一位は、オレンジ色です。見ていると、明るい気分になり元気が出てくるからです。

おわり：
このように、私は様々な色が好きです。みなさんも自分の好きな色を探してみてください。
これでスピーチを終わります。

「第○位は」「このように」など聞き手がわかりやすくなる言葉を入れます

サイドラインのところだけ自分で考えます

顔や目線を回す，ゆっくり話す，間を空ける…など話すポイントも伝えます

★お父さんの上手な料理ベスト3
第1位　ラーメン
第2位　コーンスープ
第3位　ジャンボカレー

★好きな天気ベスト3
第1位　天気雨　めずらしいから
第2位　雨　気持ちいいから
第3位　晴れ　外で遊べるから

★インコがイヤなことをするけど，
　イヤじゃないことベスト3
第1位　頭にフンをすること
第2位　耳をつつくこと
第3位　草のにおいがすること

★ドラえもんの道具ベスト3
第1位　どこでもドア
第2位　タイムマシーン
第3位　桃太郎印のきびだんご

★すきなふなっしーベスト3
第1位　ふなごろう
第2位　ふなっしー
第3位　すりおろっしー

★クラスで楽しかったことベスト3
第1位　水鉄砲大会
第2位　大縄跳び大会
第3位　ドッジボール大会

回数を重ねると，盛り上がるテーマや話したい内容がどんどん出てきます

オリジナルの読書カードをつくろう！

時間　1週間
ジャンル　読書

活動のねらい

読んだ本の内容を「あらすじ」や「人物のキャラクター」など，視点を定めてまとめることができるようになる。

活動の概要

3年生ともなると，日付と題名など簡単なことを記録するだけの読書カードにもの足りなさを感じる子どもが出てきます。

そこで，「本のあらすじしょうかいします」「こんなキャラクター知っています」「ふしぎなお話しょうかいします」など，テーマを設けて記録する読書カードをつくらせます。あらかじめ本を読む前にテーマを決めておく場合や，読後にまとめるか視点を定めてからテーマを決める場合など，複数のパターンが考えられます。

読書カードをつくる時間も，休み時間，家庭などいろいろな場合が考えられますが，いずれの場合も一定の期間を設けることが大切です。例えば，金曜日（週末）に作成を指示し，次の週の木曜日にカードを提出させます。1週間程度時間をとれば，途中経過を確認することが可能になり，必要に応じて個別指導を行うこともできます。

ポイント！

❶テーマを自分で考えた子どもを称賛するべし！
❷作成には一定の期間を設けるべし！

「こんなキャラクター知っています」(読書カード)
年　組　番　名前（　　　　　　）の □

○ 本の題名　**絶叫学級**
作者　桑野和明
絵　いしかわ・えみ
出版年　2011年 春
出版社　みらい文庫へんしゅう部

○ キャラクター（主人公の性格にしようか。それとも主人公を中心とした登場人物の関係にしようか。）

花留は、自分の事をもっと大切にしてほしい。

美以菜 → 花留　気持ち
お母さん ― 花留 ― お父さん
お母さんは、美以菜が大好き　／　入れかわりたい　／　うざいたの妹　／　お父さんは、美以菜が大好き
大好き！　美以菜　大好き！

> 人物ごとの紹介だけでなく、人物同士の人間関係も表す工夫が見られます

「本のあらすじしょうかいします」(読書カード)
年　組　番　名前（　　　　　　）の □

○ 本の題名　**おかあさんげんきですか。**
作者　後藤竜二
絵　武田美穂
出版年　2006年 4月
出版社　株式会社ポプラ社

○ あらすじ（何字くらいでしょうかいしようかな。イラストも入れてみる？）

　ぼくはお母さんにいいたいことがある。
　母の日、手紙を書くことになった。ぼくはとなりのユースケみたいに「いつもごはんをつくってくれてありがとう。」なんてはずかしい！
　だからおもいきっていいたいことを書くことに…。

> 途中までしかあらすじを書かないため、カードの読み手は興味をそそられます

「人間段落構成」で説明文の理解はバッチリ！

活動のねらい

子どもたち一人ひとりが段落になり，グループで話し合いや推敲を重ねることによって，説明文の段落構成の理解を深める。

活動の概要

３年の説明文の学習では，段落のつながりや役割に目を向けさせることが重要です。この活動では，体を動かしながら段落の構成を学ばせることができます。事前に，以下の２種類の道具を準備します。

①段落番号が書かれたかぶりもの
②「問い」「答え」／「はじめ」「中」「おわり」／「…でしょうか」「このように」 などのカード

段落数と同じ人数でグループを構成し，担当の段落を決めます（数が合わない場合は筆者役を割り当てます）。グループ内で「はじめ」「中」「おわり」に分かれたり，「問い」や「答え」の段落を明らかにするなど，体を動かしながら対象となる説明文の段落構成をまとめていきます。

完成したらグループごとに発表します（筆者役の説明も可）。疑問文や接続語のカードをうまく用いて，段落構成をわかりやすく説明させます。

ポイント！

❶ゲーム感覚で取り組ませるべし！
❷楽しみながらも段落構成の理解を深めるという目的を共有させるべし！

道具は1回用意すればずっと使えます

体を動かしながらの話し合いで段落構成の理解が深まっていきます

「続きが読みたくなるはじめの一文」を考えよう！

45分

作文・日記

活動のねらい

作文の冒頭の一文だけを考え，交流したりパターン分けしたりすることを通して，「続きが読みたくなるはじめの一文」を書けるようになる。

活動の概要

作文に苦手意識をもつ子どもの多くが，最初の一文で悩みます。そこで，作文の一文目だけを短冊に書き，それらを交流しながら，「もっと読みたい！」と思わせられるよう言葉を吟味していきます。

まず，「『続きが読みたくなるはじめの一文』を考えよう」と投げかけ，一人ひとり短冊に書かせます。次に，短冊を黒板に貼り，表現方法などでパターン分けをして，子どもにパターン名をつけさせます。そして，使ってみたい表現を取り入れながら，実際の一文目を完成させます。

それぞれのよさを認めると，様々なパターンが生まれます。「おどろき型」「はてな型」「先に言ってしまう型」「ダジャレ型」印象的なパターン名をつけると，学級の知的財産になり，以降の作文の指導でも生かせる表現のモデルになります。

ポイント！

❶新聞や広告を教室に置き，ヒントとして活用するべし！
❷交流は大事にしつつも，得意な子どもには自分なりの表現方法を工夫して完成することを大切にさせるべし！

なんと！北海道五日間がこのかかく!!	速いぞリニア五百キロ！	どんどん進化、新幹線	私たちの町は、これからどうなっていくのか…？	もっともっと自分の住む町を大切にしたい。
おどろき型		ダジャレ型	はてな型	先に言ってしまう型

表現方法の違いでパターン分けしていきます

もっともっと自分の住む町を大切にしたい。
　ぼくは、社会見学で自分の住む〇〇市をバスで見て回った日の最後にこう決心した。
…

今回は友だちが考えた一文をそのまま使ってみよう！
友だちが考えたよい文を取り入れた例

「今日は、バスに乗って、〇〇市の様子を見バス。」
　先生は、いつものようにダジャレでわたしたちを楽しい気持ちにしてくれた。
…

先生のダジャレがおもしろかったから，今回はダジャレ型で書き出そう！
自分なりの表現方法を工夫した例

第2章　今日からできる言語活動のアイデア72

「リレー物語」をつくろう！

時間	ジャンル
10分程度	 創作

活動のねらい

話がつながるように物語の続きをつくる活動を通して，物語の基本的な構成や，話の筋を考えることができるようになる。

◀ 活動の概要

　物語を創作して文章で書く活動は，個人差が大きいため，どうしても時間がかかってしまいます。しかし，リレー形式を取り入れることで，短時間でどの子にも物語を創作させることができます。

　毎日違う子ども1人を前に立たせ，ペープサートを使って物語をつくらせます。

　ルールは以下の3点です。

①前日の物語で起こった事件を何らかの方法で必ず解決すること
②登場人物の性格や，場面の状況にふさわしい展開にすること
③新たな事件が起こる場面で終わること

　冒頭―発端―山場―結末という物語の構成の中から，結末→発端→山場の部分を繰り返させることにより，短時間で物語をつくるおもしろさに触れることができます。これはロールプレイングゲームの構成とほぼ同じです。

ポイント！

❶日直や座席順と関連させて，物語をつくる順番を決めるべし！
❷事件の解決→新たな事件の勃発というシンプルな構成を繰り返すべし！

第1話は教師が行い，基本的な設定を学級で共有します

感情を登場人物に仮託して生き生きと表現する姿が見られます

「ローマ字しりとり」で
ローマ字名人になろう！

時間　5分程度　　ジャンル  文法

活動のねらい

ゲーム的な要素を含んだ活動を楽しみながら，ローマ字を書いたり，覚えたりすることができるようになる。

活動の概要

ローマ字は3年生で学習しますが，4年生や5年生を担任すると，すでに忘れてしまっている子どもが意外と多くはないでしょうか。この活動は，楽しみながらローマ字に書き慣れていき，定着を図っていくものです。

手順としては，ワークシートへ順番にしりとり形式で書いていきます。例えば，

med<u>a</u>ka → k<u>a</u>kash<u>i</u> → sh<u>i</u>bain<u>u</u> → n<u>u</u>ri<u>e</u> → <u>e</u>nogu

のように，最後の音をそろえることを確認してから行います。さらに，設定した時間内に何個書けるかというゲーム的な要素を加えて取り組ませます。

最初のうちは，ローマ字の一覧を壁面に掲示したり，ローマ字表を配布したりして，見ながら取り組んでもよいことにします。2人ペアでしりとりをしたり，古今東西（赤いもの，学校にあるもの等）でやってみたりしても盛り上がります。3年生以上ならどの学年でもできます。

ポイント！

❶細かいミスをチェックするのではなく，書いた事実を大切にするべし！
❷定着のために，スキマ時間を用いて書く経験をたくさん積ませるべし！

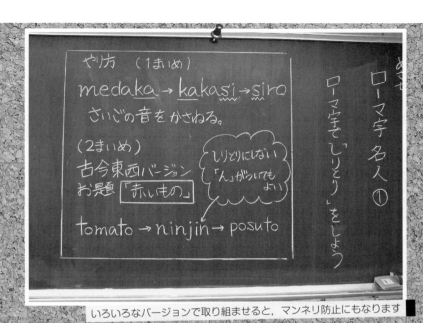

いろいろなバージョンで取り組ませると，マンネリ防止にもなります

いつでも取り組めるようにワークシートはたくさん準備し，教室の棚に保管します

「短冊作文」をつくろう！

時間：30分程度
ジャンル：作文・日記

活動のねらい

五感や表現の工夫を意識して作文の内容を構成することによって，豊かな内容の作文を書くことができるようになる。

活動の概要

　3年生は作文を書くことを面倒に感じる子どもが現れ始めるころです。作文と聞いただけで「え〜っ」と言わず，表現することの楽しさを感じ，わくわくすることができるような子どもを育てていきたいものです。

　そこでまず，作文の「はじめ」と「おわり」を書く白い短冊を用意します。白色で「中」をはさむイメージです。「中」の段落は五感を使って表現します。五感の一つひとつを表す短冊を用意し，子どもが選んで書きます。右ページの写真では，視覚は青，聴覚は黄，触覚は緑，嗅覚は赤，味覚は橙です。

　内容が五感に留まらず豊かな表現が溢れる場合は，「まるで」短冊，「もしも」短冊，「会話」短冊といった「レア短冊」に書かせます。子どもにはこのレア短冊を目指して書かせるようにします。この活動を継続していくと，思いついたままをただ書き連ねる作文が減り，題材に合った適切な構成を考えて作文を書く子どもが育っていきます。

ポイント！

❶子どもから出された新たな表現を紹介するべし！
❷段階を踏んで短冊をつなぐ接続語への意識をもたせていくべし！

「レア短冊」には子どもが使いたくなるようなレアな模様の紙を使います

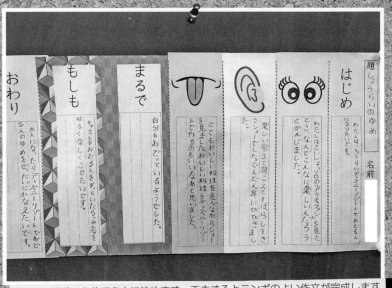
「中」の順番は自分で自由に決めます。工夫するとテンポのよい作文が完成します

第2章　今日からできる言語活動のアイデア 72　77

説明文の型を見分けよう！

時間 20分程度

ジャンル  説明文

活動のねらい

説明文の型を見分けることで，説明文の基本的な段落構成を考えることができるようになる。

■活動の概要

説明文の構成が，頭括型，尾括型，双括型のどの型なのかを考えさせることのできる活動です。説明文の型を見分けることで，基本的な段落構成や要旨をとらえることにつながっていきます。

まず，序論には，「話題提示」「大きな問い」「はじめのまとめ」が記述されていて，結論には，「おわりのまとめ」「大きな答え」「筆者の考え・メッセージ」が記述されていることをとらえさせます。序論だけに「まとめ」があれば頭括型，結論だけに「まとめ」があれば尾括型，序論と結論に「まとめ」があれば双括型になります。

そして，1～3年の教科書の簡単な説明文を読ませ，教材文を線で区切って「家」をつくりながら，頭括型，尾括型，双括型の3つの型を考えさせることにより，新しい説明文を読んだときにも応用できる力が身についていきます。

ポイント！

❶序論と結論の記述に注目させるべし！
❷頭括型，尾括型，双括型の3つの型の構成をとらえさせるべし！

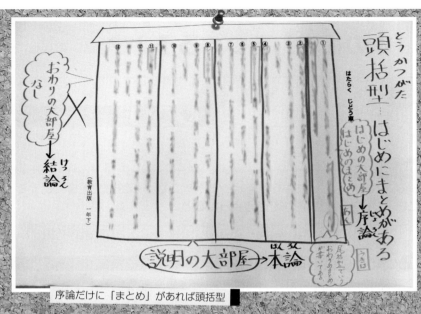

序論だけに「まとめ」があれば頭括型

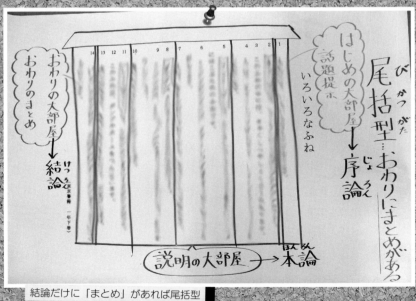

結論だけに「まとめ」があれば尾括型

「本の福袋」をつくろう！

時間 10分程度

読書

活動のねらい

本の内容やおもしろさが伝わるヒントを考えながら紹介文を書くことで、本に親しみ、進んで読書ができるようになる。

活動の概要

本の帯やポップをつくる言語活動を一歩進め、推薦された本を実際に友だちが手にとる機会を設けた活動です。本の紹介者と次の読者との距離が縮まります。

具体的には、本を入れた封筒に、次のようなヒントを書いた紙を貼り付けさせます。

①どんな人におすすめか
②どんな人（物・こと）が出てくるか
③読み終わるとどんな気持ちになるか

完成したら図書室に置きます。本を借りに来た子どもが興味をもったら中を見てもよいこと、そしてぜひ借りてほしいことを一言添えておきます。

書き手にはあらすじや感想よりも手軽で書きやすく、読み手には内容を想像する楽しみを与える活動です。

ポイント！

❶どんな本が入っているか知りたくなるヒントを書かせるべし！
❷ヒントを書く視点を与えることで、本を再度読み込ませるべし！

特徴をうまく表しつつも，簡単には話の筋がわからないヒントが求められます

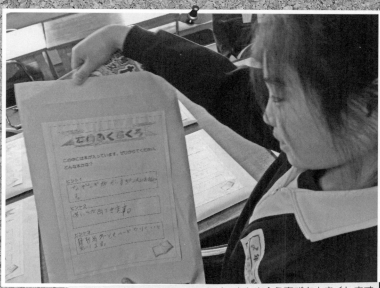

袋から本を取り出す瞬間の興奮が，本と出会う喜びを大きくします

「説明文パズル」で段落構成を把握しよう！

時間：20分程度

ジャンル： 説明文

活動のねらい

「説明文パズル」を通して段落構成を把握し，事実と意見の関係などを考えて文章を読むことができるようになる。

活動の概要

3年で扱う説明文は，シンプルでわかりやすい段落構成をとるものがほとんどです。この段落構成を意味段落ごとにパズルのピースのように分解して，子どもに提示してみましょう。遊び感覚で段落構成を把握することができる活動です。

①説明文を意味段落ごとに分解し，「説明文パズル」のピースをつくる（「はじめ」「中」「おわり」で枠の線を色分けしておくと，視覚的にわかりやすい）。
②説明文パズルのフレーム（家などの形）をつくる。
③説明文パズルのフレームとピースを提示し，当てはめていく。

パズルのピースは，例えば，事実が並列に示されている意味段落は同じ大きさ，形にしておくなどの工夫をすると，段落構成に目が向きやすくなり，より効果的な学習ができます。

ポイント！

❶「はじめ」「中」「おわり」で枠を色分けするべし！
❷パズルの大きさ，形と段落構成を結びつけるべし！

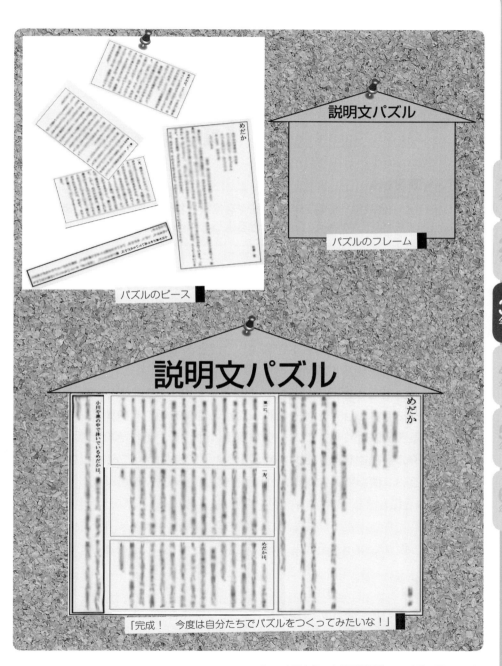

「大もりの文」を書こう！

| 時間 | 20分程度 | ジャンル | | 語彙 |

活動のねらい

友だちと一緒に様子を詳しくする様々な言葉を集めることで、形容する言葉を工夫しながら文を書くことができるようになる。

活動の概要

3年生ぐらいになると、作文や日記で「楽しかったです」「うれしかったです」といった耳慣れた表現ばかり多用する子どもが増えます。「もっと詳しく！」と言わなくても、言葉を吟味し、自ら表現を模索する子を増やしたい。そんな願いを実現する活動です。

① 「ラーメンをもっとおいしく感じさせる」「足の速さを感じさせる」といったテーマに合わせて、様子を詳しくする言葉をそれぞれ短冊に書く。
② 似ている表現は近くに、ユニークな表現は離して、それぞれ黒板に提示する（表現の多様さを示すため、KJ法のようにまとめることはしない）。
③ おもしろい、使ってみたいと思う表現を生かして短文を書く。

「…のように」といった比喩表現を評価し、「世界一」といった極端な言葉の使用を控えさせると、おもしろい形容表現が多く生まれます。つくった短文を作文の授業で掲示すると、多様な表現のモデルにすることができます。

ポイント！

❶ 提示の工夫でたくさんの表現のよさに気づかせるべし！
❷ 考えながら書くことに慣れさせるべし！

短冊を集めて，様々な表現があることを実感させます

気に入った言葉を選んだ子（左）と言葉を"全部のせ"で大盛りにした子（右）

「今月の漢字」で
1か月を振り返ろう！

時間	ジャンル
45分	創作

活動のねらい

その月の生活を漢字一字で表すことで，自分を見つめ直し，新たな気持ちで次の月の生活を送ることができるようになる。

■活動の概要

　その年の世相を表す「今年の漢字」が，師走のニュースとして全国を飛び交います（2014年の漢字は「税」でした）。この年末行事の型を学校生活に取り入れた活動です。月単位で継続して実施することで，学校生活の振り返りが意識化されます。

　月末の1時間で行いますが，前もって知らせず「次の時間は習字を準備してください」とだけ伝えておきます。継続していくと，「そろそろだな」と子どもたちは感じるようになります。

　学校生活だけでなく，家庭生活も振り返って，各自の「今月の漢字」を考えさせます。それに簡単な理由を添えて，毛筆で書かせます。

　教師は，ゆっくりと机間を歩きながら一人ひとりが書いた漢字を確かめ，子どもとコミュニケーションをとるとよいでしょう。前向きな言葉かけを行うことで，次の月の生活に向けた励ましになります。

ポイント！

●字の上手，下手ではなく，その字を選択した理由や背景に目配りすることを大切にするべし！

余計な項目は設けず，用紙はいたってシンプルに

発表，掲示後は大切に保管します

「スピーチハウス」に文章をまとめよう！

時間 15分程度　　ジャンル　話す・聞く

活動のねらい

関心のあることから話題を決め，要点のメモを基に筋道を立てて文章を構成することができるようになる。

活動の概要

朝の会にスピーチタイムを設けている学級は多くあります。表現の場に慣れることや子どもたちの相互理解等，様々な目的が考えられますが，国語の授業で取り入れるなら話す力を高める機会ととらえたいものです。4年生では，題材のメモを基に筋道立てて文章を構成し，話す力を高めることを中心に据えます。

その際，まず話題を決め，話す内容を整理するために「題材メモ」をつくります（右ページ上）。そして，それに基づいて内容の相互関係を考えながら文章構成を「はじめ」「中」「おわり」に整理した「スピーチハウス」（右ページ下）をつくります。

このような準備に支えられたスピーチタイムは，話の中心に気をつけて聞き，質問したり感想を述べたりすることで，聞く力を高める場にもなっていきます。

ポイント！

❶話す内容を「題材メモ」に整理させるべし！
❷「スピーチハウス」で文章構成を一目でわかる形にまとめさせるべし！

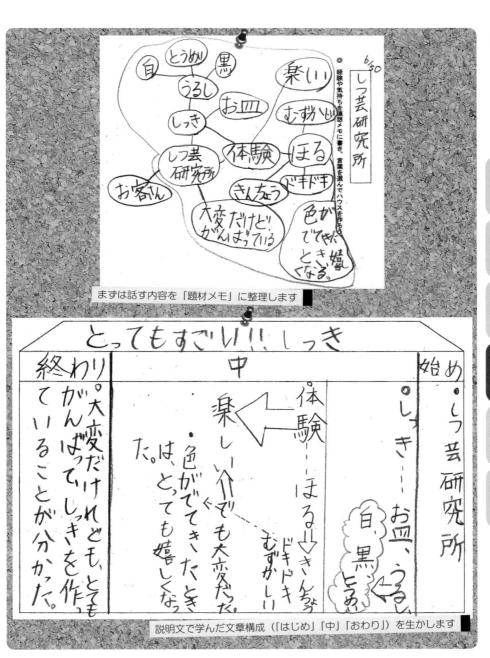

まずは話す内容を「題材メモ」に整理します

説明文で学んだ文章構成（「はじめ」「中」「おわり」）を生かします

クイズを交えて本の紹介をしよう！

時間　5分程度

ジャンル 　読書

活動のねらい

クイズを織り交ぜながら本を紹介し合うことで，本の楽しいところとその理由を知り，興味をもつことができるようになる。

■活動の概要

　子どもたちにいろいろな本に興味をもってもらいたいと願い，子どもたち自身が本を紹介する活動が広く行われています。しかし，せっかくしっかりと準備をして紹介しても，いまひとつ活動が盛り上がらず，友だちが紹介した本を実際に手に取って読むことにはつながらない，ということは少なくありません。

　その原因の１つとして，紹介を聞く側の参加意識が高まっていないということがあります。自分が読んだことのない本について，ただ聞いているだけで興味をもつのは難しいことです。

　そこで，聞いている人も巻き込んで本の紹介をすることで，興味をもってもらえるようにします。その巻き込むための方法が，クイズです。

　「本の題名」「あらすじ」「一番好きなところ」「登場人物の性格」などから，答えやすいように３択クイズをつくり，本の紹介の流れの中で３問程度出題させます。

ポイント！

●実際に本をもち，聞き手に見せながら紹介させるべし！

クイズで本のしょうかいをしよう

① 今日しょうかいする本の題名は「〇〇」です
② この本のあらすじは「〇〇」です.
③ 私が一番好きな所は「〇〇」です
④ 理由は「〇〇」だからです.
⑤ この本の主人公の「…」さんは「〇〇」な性格で「～」な感じがします
⑥ とてもおもしろいのでぜひ読んで下さい

「〇〇」の所をクイズにしてみましょう

紹介の進め方は，いつでも見られるよう教室の壁に掲示しておきます

クイズを織り交ぜながら紹介することで，聞き手の参加意識が高まります

「ブックスタンド」で読んだ本を紹介しよう！

時間 45分

物語文

活動のねらい

物語文を1人1作品選び，ブックスタンドをつくる活動を通して，読んだ本のあらすじや感想をわかりやすく紹介できるようになる。

◼ 活動の概要

「ごんぎつね」（新美南吉）「白いぼうし」（あまんきみこ）など，1つの作品をじっくりと読み，味わった後の発展的な活動です。同じ作者の作品の中から気に入ったものを1人が1作品ずつ選び，あらすじや感想をブックスタンドに表してみんなに紹介します。

右ページ上の例では，「あらすじ」「登場人物」「お気に入りの場面」「感想」の4つを盛り込んでいます。そのほかにも「作品の主題」「中心人物が変わった一文」「私のすきな言葉」といったことを盛り込んでもよいでしょう。それまでに学んだことを一人ひとりが活用できるように，授業の実態に応じた内容にすることが肝心です。

完成したブックスタンドは，まず本と一緒に学級のみんなに紹介するときに利用します。その後は，図書室や廊下などに本と一緒に設置しておくと，いろいろな子どもたちの目につき，読書活動の推進にも役立ちます。

ポイント！

❶まずは教師が見本をつくって提示するべし！
❷台紙（画用紙）はたくさん色を準備しておくべし！

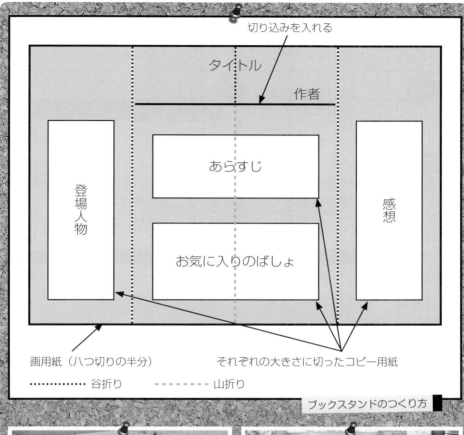

ブックスタンドのつくり方

- 切り込みを入れる
- タイトル
- 作者
- 登場人物
- あらすじ
- お気に入りのばしょ
- 感想
- 画用紙（八つ切りの半分）
- それぞれの大きさに切ったコピー用紙
- ……… 谷折り
- ------- 山折り

子どもの作品

国語辞典っぽい文を書こう！

時間: 10分程度

ジャンル:  文法

活動のねらい
国語辞典の表現を真似て表現したり，書きぶりの違いを吟味したりすることを通して，目的に応じて簡潔に文章を書くことができるようになる。

■活動の概要

国語辞典の文は，できるかぎり解釈の幅が広がらないよう，簡潔で的を射た表現が用いられています。その書きぶりを自分なりに理解したり，簡潔に書く参考にしたりする活動です。

活動はAパートとBパートに分かれます。

- ●Aパート…教師の提示した言葉について，グループごとに意味を考えて文にまとめます。その際，国語辞典の文のような表現を用いることを条件とします。体言止めや明快な形容といった表現の工夫が求められます。
- ●Bパート…Aパートで書かれたいくつかの文に，正解の（実際に国語辞典に載っている）文を加えて教師が無作為に読み，その中から正解を当てます。意味を類推しつつ，書きぶりを吟味する必要があります。

ポイント！

❶体言止めなど，表現の工夫に慣れさせるべし！
❷複数を比較させることで，書きぶりを吟味させるべし！

「みんなが間違えるような文を書きたい」という思いが言葉の吟味を生みます

「正解を当てる」というゲーム的要素が活動を盛り上げます

第2章 今日からできる言語活動のアイデア72　95

お気に入りの一冊の「ポップ」をつくろう！

時間 30分程度

ジャンル  物語文

活動のねらい

「ポップ」づくりを通して，「あらすじ」「人物像」をつかみながら物語文を読み解く力を高める。

活動の概要

「ポップ」は，作品名やキャッチコピーを，デザインやイラストを加えて目を引くように表したカードで，書店などでよく見かけられます。このポップを作成し，図書室や廊下に掲示します。

最初に，教師がつくったポップをモデルとして紹介し，具体的なイメージを共有します。

次に，教科書の物語文（「やい，とかげ」（教育出版）など）について，場面の移り変わりに注意しながら「あらすじ」を書いたり，登場人物の「人物像」を書いたりして，ポップをつくります。

さらに教科書の作品で学習したポップのつくり方を生かし，今度は自分のお気に入りの本の中から１冊を選んで，あらすじや人物像の観点を入れたポップを作成します。

ポイント！

❶教科書の作品で一度練習させるべし！

❷あらすじは途中までしか示さないなど，本を読みたくなるような工夫をさせるべし！

まずは教科書の作品で練習

お気に入りの一冊も「あらすじ」「人物像」の観点で紹介します

本のシリーズを紹介しよう！

時間　45分　ジャンル　読書

活動のねらい

テーマを決めて本を集め，紹介文を書くことで，本の楽しみ方を見つけ，進んで本を読むことができるようになる。

活動の概要

図書室の本をあるテーマで集め，多くの人の手にとってもらえるようにシリーズの魅力を伝える紹介文を書く活動です。

例えば，まずはじめに「この本はどんなシリーズ？」と問い，教科書で既習のがまくんとかえるくんが出てくる「2人シリーズ」を見せます。そして，子どもたちに話し合いをさせて，「登場人物のやりとりがおもしろい」など，シリーズの魅力に焦点化します。

「戦争」「仲間」「冒険」から，「水」「交通」まで，今までの読書経験に基づいて，子どもたちはいろいろなシリーズを集めてきます。同じテーマでシリーズにできそうな場合にはグループをつくって活動させます。

ポイント！

❶テーマをたくさんあげさせて読書経験を引き出すべし！
❷紹介し合う時間も確保し，感想を述べる機会をつくるべし

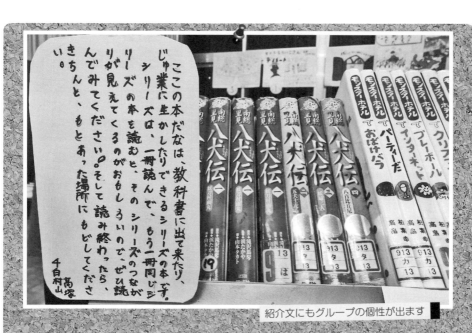

紹介文にもグループの個性が出ます

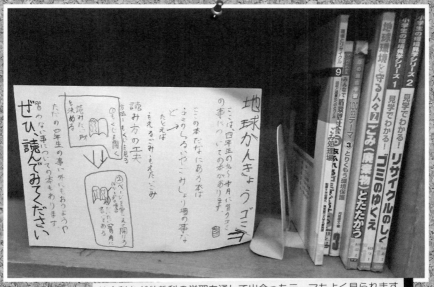

社会科など他教科の学習を通して出会ったテーマもよく見られます

音読のポイントを押さえよう！

時間 20分程度

ジャンル 物語文

活動のねらい

場面ごとに音読のポイントを整理し、友だちと読み方の工夫を話し合ったり、読み比べたりすることを通して、内容の理解を深める。

活動の概要

低学年では、語のまとまりや言葉の響きに気をつけて音読することを学習しており、はっきりとした発音で読むことやひとまとまりの語や文として読むこと、言葉の響きやリズムに注意して読むことなどが大切になります。

中学年では、作品の内容や構成をしっかりと把握して音読することが重要になります。そこで、作品の様々な場面を取り上げ、

- ●読む速さ
- ●間の取り方
- ●声の大きさ
- ●声の出し方

といった観点で音読のポイントを整理させます。それを基に友だちと読み方の工夫について話し合ったり、読み比べたりすることで、音読の質を高めていきます。

ポイント！

❶読み方の意見が分かれたら、実際に読み比べさせてみるべし！
❷1人読みだけでなく、2人、3人、みんなで読んでみるべし！

読み方の工夫を考えよう

読むはやさ
- はやく ← → ゆっくりと
  - 走るように / 歩くように
  - 小さな体で / 大きな体で
  - のんびりと

間のとり方
- みじかく ← → 長く
  - きんちょうして / じっくり伝えたい
  - あせって / 思い出しながら
  - たくさん言いたい

声の大きさ
- 小さく ← → 大きく
  - 近くの人に / とおくの人に
  - ひみつで / 強く言いたい
  - / 広いところで

声の出し方
- 明るく / さびしそうに / 元気に
  - えがおで / なきそう / 動きながら
  - 友だちといっしょに / 一人ぼっち / 走り出しそう
  - / 下を向いて

▶ 読み方の工夫を整理して提示します

場面の設定から読み方を考える

（**犬においかけられている場面**）

○ 読むはやさ　（ゆっくり・**はやく**）
　今にもおいつかれるかも こわい

○ 間の取り方　（**みじかく**・長く）
　あせって部屋を出る

○ 声の大きさ　（小さく・**大きく**）
　だれか助けてほしい

○ 声の出し方　（明るく・さびしそうに・**元気に**）
　全力で走そうぞ

▶ 具体的な場面を取り上げ，読み方のポイントを整理します

第2章　今日からできる言語活動のアイデア 72

コツコツ学びをまとめよう！

時間		ジャンル	
🕐	30分程度	✏️📖📋	家庭学習

活動のねらい

振り返りのねらいをはっきりさせることで，内容が整理されたノートづくりをすることができるようになる。

活動の概要

　書く力を育てる方法はたくさんあります。その１つが，家庭学習における１日の学習の振り返りです。そこで，その日の学習内容の中から「さらに調べてみたいこと」「忘れたくないこと」など，ノートに何を書くのか，つまり振り返りのねらいをはっきりさせて毎日まとめさせます。

　１日１ページを目標にしますが，はじめから１ページがすべて埋まる子ばかりではありません。そこで，「がんばっているな」「上手にまとめられているな」と教師が感じるノートを教室に掲示し，どんどん紹介していきます。すると，徐々に１ページすべてを使ってまとめられる子が増えていきます。

　特に，順序やつながりがわかりやすいもの，強調（色や線等の種類を生かしたもの）や小見出しが工夫されているものが見られたときには大いに称賛し，教室に掲示すると，学級全体のノートの質の向上に効果を発揮してくれます。

ポイント！

❶よいノートを手本として活用するべし！
❷あせらず，子どもの実態に応じて力を伸ばしていくべし！

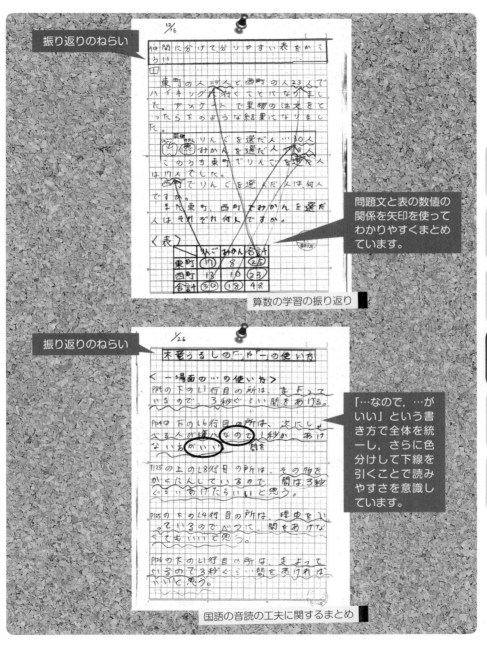

第2章 今日からできる言語活動のアイデア72

「話さなかったことは何か」を考えよう！

時間　10分程度　　ジャンル　話す・聞く

活動のねらい

話し手があえて話さなかった要素を予想することで、聞き手でありながらスピーチの質を高める工夫を考えられるようになる。

活動の概要

朝の会や国語の授業でよく行われるスピーチ。話し手の子が楽しそうに話し、友だちが感想を言ったり、ちょっとした質問をしたりして終わり。これでは少しもったいない気がしませんか？ そこで、聞き手の参加意識がグンと高まるスピーチの工夫を紹介します。

まず話し手には、出来事や理由などの要素を「はじめ」「中」「おわり」の構成に当てはめながらスピーチを構想させます。そのとき、要素の中からあえて話さないことを1つ決めさせます。右ページ上の例では、「二重とびができるようになった理由」をあえて話さないようにしています。

そしてスピーチが終わったら、聞き手の子どもたちは、話し手が何を話さなかったのかを予想し、ワークシートに書きます。

最後に、欠いていた要素も付け加え、完全版のスピーチをします。聞き手は、自分の予想と付け加えられたことの相違点を確かめます。

こんな工夫で、聞き手も常に話し手としての学びをすることができます。

ポイント！

●スピーチの構想は事前に教師が確認しておくべし！

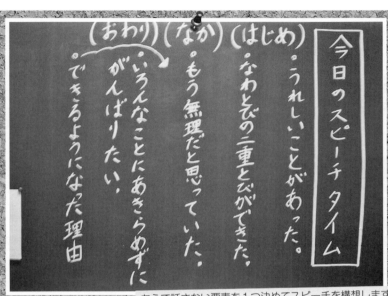

あえて話さない要素を1つ決めてスピーチを構想します

「わたしならこう話す」
※〇〇さんが、話さなかったのはこのことかな？

あきらめずにれん習して、できるようになったこと。

「〇〇さんが付け加えたこと」
※〇〇さんは、こう言いたかったのか！

おにいさんにこつを教えてもらってれん習したら、できるようになりました。

最後に自分の予想と実際に付け加えられたことの相違点を確認します

「空想作文」を楽しく書こう！

時間　30分程度

ジャンル　作文・日記

活動のねらい

楽しみながら創作文を書くことで，書くことに親しむ。

活動の概要

　書く活動に対して，なかなか意欲の上がらない子がいます。こういった子には，「書くことっておもしろい！」とか「短い時間でこんなに書けた！」という体験を積ませるのが一番です。この「空想作文」は，短時間でできるだけでなく，子どもたちが喜んで取り組む活動です。

①テーマは「もしも（あなたがピンチのときに一度だけ）魔法がつかえたら」。まずは，子どもたちに今までどんなピンチに陥ったことがあるか聞きます（教師の盛り上げが重要です）。

②用紙の左半分に，「シチュエーション」「どんな能力（魔法）か」「能力名」「発動条件」を順番に書かせます。

③②の順番に沿って右半分に創作文を書きます（早く終わったら絵も）。

④機会をつくって紹介します。ここで表現の工夫などを取り上げ，共有することで，次に書くときに生かそうとする子どもが出てきます。

　書いていく順番が明確なので，「何から書いたらいいかわからない」ということがありません。

ポイント！

●テーマを変えて何度も行い，書く意欲を高めていくべし！

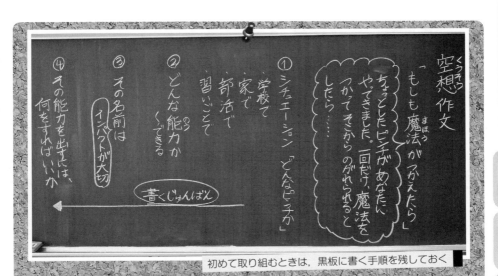

初めて取り組むときは，黒板に書く手順を残しておく

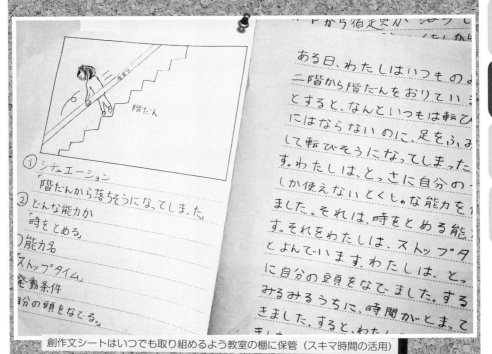

創作文シートはいつでも取り組めるよう教室の棚に保管（スキマ時間の活用）

「5ミニッツ」で話し合いを楽しもう！

時間　10分程度　　ジャンル　話し合い

活動のねらい

あるテーマについて，5分間限定で考えをまとめたり，意見を述べ合ったりすることで，互いの考えの共通点や相違点を考えながら，楽しく話し合うことができるようになる。

活動の概要

「5ミニッツ」は，あるテーマについて，4人程度のグループで，5分間限定で話し合う活動です。話し合うテーマは，「テーマボックス」から教師が引きます。

テーマボックスには，「もしも1億円あったら？」「キャンプに行くなら海か山か？」「無人島に行くときに，1つだけなら何を持っていく？」など，教師が用意したテーマと子どもたちから集めたテーマを入れます。

「5ミニッツ」終了後に，話し合いのときよかったところを教師が学級全体に紹介します。それらを「〇年〇組オリジナル大作戦カード」としてストックし，学級の財産にしていきます。

回数を重ねることで，5ミニッツの経験がその他の話し合い活動や学級会などにも生きてきます。

ポイント！

❶子どもが「話し合ってみたい」と思えるテーマを集めるべし！
❷話し合いの展開を見て，大作戦カードを教師が提示するべし！

「オリジナル大作戦カード」は学級の財産になります

- 仲間分け大作戦
- 条件大作戦
- 合成大作戦
- まとめ大作戦
- 目的大作戦
- おたすけ大作戦
- 変える大作戦
- 共通大作戦
- 話をもどす大作戦
- 気持ち大作戦

今から仲間分けをします。どれとどれがにているなどの意見はありませんか。

どんな条件で話し合ったらいいですか？

本番までに一週間しかないので、一週間でできて六年生にもよろこんでもらえるものという条件で考えませんか。

話し合いを円滑に進めるための言葉も適宜指導します

第2章 今日からできる言語活動のアイデア72

「マイブーム」を すいせんしよう！

時間　5分程度

ジャンル  話す・聞く

活動のねらい

「マイブーム」を推薦するスピーチを継続して行い，話す・聞く力を高めるとともに，友だちのことをより深く理解する。

活動の概要

朝の会や帰りの会で，話す・聞く力を高めるために，スピーチ活動を行っている学級も多いと思います。この活動のテーマは，ずばり「マイブーム」です。話す・聞く力の向上はもちろん，友だちのことをより深く理解することもねらいとしています。

スピーチを行う子は，前日に3種類のスピーチメモから1つを選んで持ち帰ります。種類は，マス目，行罫，無地です。メモの選択から主体性を促します。もちろん，他のスピーチ同様，具体物の提示や実演など，伝達に効果的な発表の工夫を大いに奨励していきます。

マイブームは一過性のこだわりなので，順番が一周しても，また新しい一面に出会えます。また，意外な子が意外な内容を語ることもあります。子どもたちはこの時間を大切に思うようになり，あたたかい学級経営につながっていきます。

ポイント！

❶スピーチメモは，3種類から選択させるべし！
❷「マイブーム」のよい面を共有させるべし！

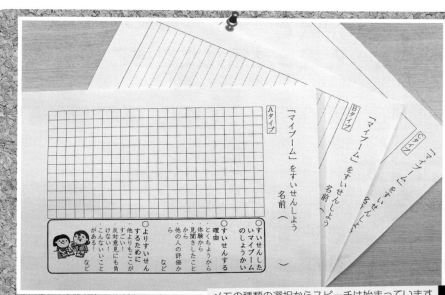

メモの種類の選択からスピーチは始まっています

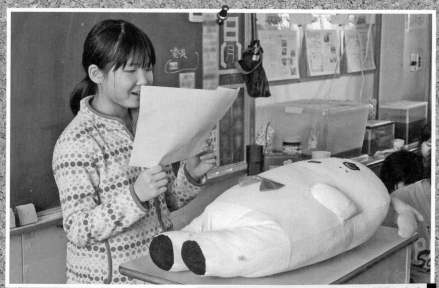

具体物の提示や実演など発表の工夫も奨励します

3つの視点で ギュッと絞った意見文を書こう！

時間 10分程度

ジャンル 作文・日記

活動のねらい

選択肢から「意見」と「根拠」を選んだうえで，「理由」の明確な意見文を書くことができるようになる。

活動の概要

国語の授業中，「どうしてそう考えたの？」「だって，○○と書いてあるから」というやりとりがよく行われます。ここでいう○○は「根拠」であり，それをどう解釈したのかを説明する「理由」がないと，「意見」は明確になりません。この「理由」を書く力を高める短時間の活動です。授業の導入（または，まとめ）の短い時間で取り組むことができます。

意見は〔かなり当てはまる・やや当てはまる・やや当てはまらない・まったく当てはまらない〕の四択にします。根拠は一般的に言えることから三択で選ばせます。そして，選んだ理由を自分の言葉で書かせます。

短作文というと「○字以内」「○段落に分けて」という形式に視点が向きがちです。しかし，論理的な文章を書かせるためには，内容の構成を明らかにしながら書く練習が必要です。

ポイント！

❶選択肢を使って，書くポイントを焦点化するべし！
❷材料（テーマ）と方法（書き方）とモデル（具体例）を示して，考えながら書くことに慣れさせるべし！

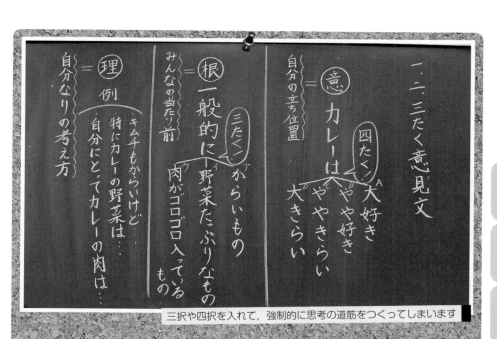

三択や四択を入れて，強制的に思考の道筋をつくってしまいます

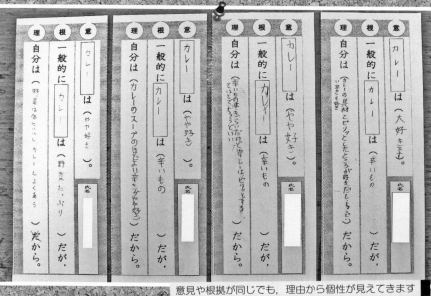

意見や根拠が同じでも，理由から個性が見えてきます

学級の「歳時記」をつくろう！

時間 随時

ジャンル 語彙

活動のねらい
季節の変化に目を向けたり季節の言葉を知ったりすることを通して，言葉のおもしろさや奥深さに触れる。

◀活動の概要

　新しい教科書（平成27年度版）では，複数の教科書が「季節の言葉」「日本語のしらべ」といったページを設け，四季折々の言葉や表現，名文などを紹介しています。日本人が古来から愉しみ，様々な形で表現してきた四季の風物とその移ろい。子どもたちにも，その愉しみや喜びを感じたり表現したりする豊かな心と言葉を伝えていきたいものです。

　この活動は，そのような教科書の小単元とのタイアップで進めていきます。理科や体育，総合的な学習の時間などで外に出たとき，または登下校時などに見つけた季節の風物や変化を言葉として貯めていきます。季節ごとに模造紙などにまとめて見直しができるようにしてもよいですし，教室の壁面を使って，行事の写真などとともに学びの履歴の掲示板をつくっていっても素敵です。

ポイント！

❶現代の子どもならではの感覚，感性を大切にするべし！
❷旧暦を用いていた時代と現代の言葉や季節のとらえの違いに目を向けさせるべし！

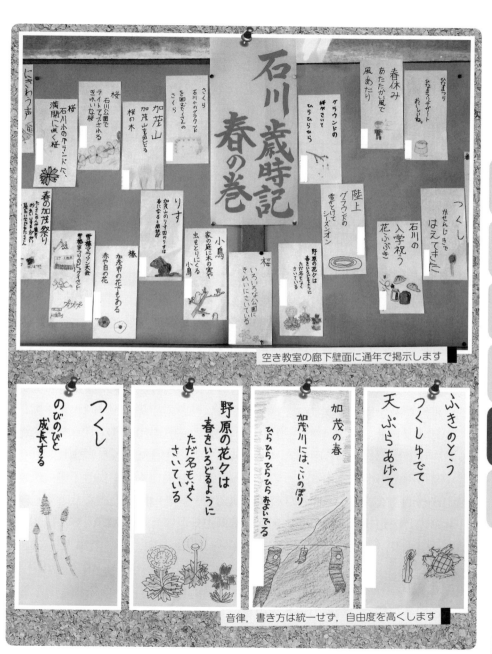

「ブラインドブックデート」をしよう！

時間 45分　ジャンル 読書

活動のねらい

観点を定めて読書カードをつくり，それを手がかりに本の内容を想像することを通して，読みの観点を楽しく身につける。

活動の概要

まず，お話の内容や登場人物のキャラクター，行動，人物関係など，興味をもった観点で読書カードをつくります（題名や作者名などは，本を選ぶ人にはわからないよう内緒にしておきます）。そして，封筒にその本を入れて，読書カードを封筒に貼り，本を選ぶ手がかりにします。

本を選ぶ人が知り得る情報は，読書カードに書かれたことに限定されるので，想像を働かせてワクワク，ドキドキしながら選ぶ楽しみを味わえます。

この「ブラインドブックデート」は，読書カードの作成者の「本を手にとってもらいたい」という願いと，本を選ぶ人の隠された情報を想像しながら選ぶ楽しみとの相互作用によって，読みの観点を楽しく身につけていくことができる活動です。いろいろな観点の読書カードを用意しておくことで，本の紹介の方法も多様に工夫できます。読書カードは，授業の導入などに短い時間でつくり，ストックしておくとよいでしょう。

ポイント！

❶いろいろな観点の読書カードを用意しておくべし！
❷読みの観点を考えながら読書することに慣れさせるべし！

いろいろな観点の読書カードを用意しておきます（上は「キャラクター」）

いったいどんな本が入っているのかな？

第2章 今日からできる言語活動のアイデア72 117

「未来日記」でなりたい自分になろう！

作文・日記

活動のねらい

未来の自分を想像したり，友だちと交流したりしながら書くことによって，書く活動に親しむ。

■活動の概要

「○○について書きましょう」と言うと，どうしても書くことが苦手な子からの反応が鈍くなりがちです。その大きな理由の１つとして，「何を書いたらいいか思いつかないから」ということがあげられます。ここで紹介する「未来日記」は，そういった子どもたちに書くことの楽しさを感じさせ，その後の作文指導などにつなげていくものです。

未来日記は，未来のことを書くので内容はすべて想像です。しかし，「大きな学校行事で成功した後」「半年後や１年後の自分」など，なりたい自分になったという設定なので，楽しみながら取り組むことができます。

また，慣れるまでは，書き出しと書き終わりを共通にします。これだけで，書くことのハードルが下がります。テーマも共通なので，子どもたち同士書きながら交流させていきます。どんなことを書いているか共有しながら進められるので，書くことが苦手な子も取り組みやすくなります。

ポイント！

❶テーマと書き方をそろえ，どの子も書き出せるようにするべし！
❷書きながら交流させることで，友だちの書き方のよさに気づかせるべし！

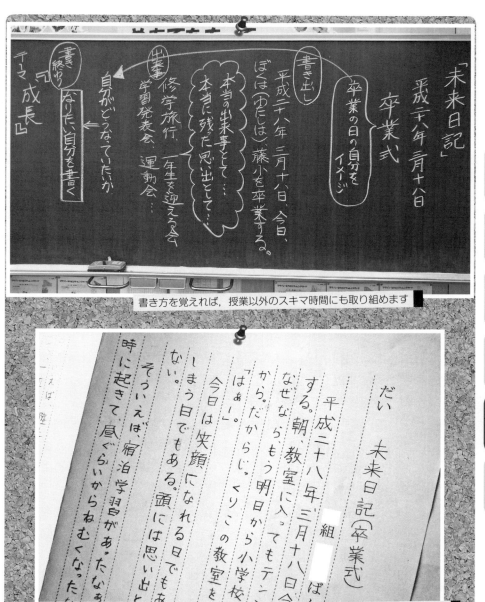

書き方を覚えれば，授業以外のスキマ時間にも取り組めます

交流のメリットは友だちの表現の工夫に気づけることにあります

3つの視点で伝記をまとめよう！

時間　15分程度

ジャンル  読書

活動のねらい

「偉業」「エピソード」「生き方」という3つの視点で伝記を読み、短くまとめることで、伝記の読み方を身につける。

活動の概要

主に伝記を扱う単元の最後で、一人ひとりが読んだ伝記の人物について記述させようとすると、かなり時間がかかるうえ、巻末の年表を一生懸命写すような子も出てきます。

そこで、伝記を読むとは、「人物の主な偉業と具体的なエピソードから、生き方を学ぶこと」とシンプルにとらえることにします。つまり、「偉業」「エピソード」「生き方」の3点に焦点化するのです。

焦点化することで、記述にかかる時間も短くなり（右ページ下の例では15分程度に時間を設定）、その分、他の伝記に触れさせることもできるようになります。また、この読み方が、実生活で伝記を読む際に活用できるようになることも期待できます。

当然、子どもにも伝記を読む前にこの3点に絞って記述させることを伝えておく必要があります。なお、伝記を選んだり読んだりする時間は、図書や朝読書の時間、国語の授業冒頭の10分、家庭学習などで確保します。

ポイント！

●焦点化するポイントをあらかじめ示したうえで読ませるべし！

「エピソード」を根拠に「生き方」を導くことがポイント

伝記から学ぼう

伝記 — 人物 / 偉業（いぎょう・何をしたのか、ずばり）
エピソード（具体的な一場面）→ 根拠に
生き方 ← 自分

ナイチンゲール
いぎょう
新しいかんごの仕方を広めた。

エピソード
戦争できずついた兵士に手当てをする許可がなかったけど、あきらめずに手当てしようと努力した。

生き方
弱い人を助けようとするやさしくて強い心を持つ。

ファーブル
いぎょう
ファーブル昆虫記を書いた。

エピソード
五才のとき、虫の鳴き声を聞いて、どうしても正体を知りたくて、三日間もさがし続けた。

生き方
気になったことの答えを見つけたい、という気持ちがすごい。

短くまとめるから、発表し合う、読み合う、といった交流も簡単です

ショートタイムで伝え合おう！

時間：10分程度　ジャンル：話す・聞く

活動のねらい
様々なパターンの話す活動に取り組むことによって，話すことに対する意欲を高める。

活動の概要

高学年になると，授業の中で発言する子とそうでない子がはっきりしてきます。しかし，「話すことって楽しいな」「みんなで話すっていいな」という雰囲気を学級に根づかせていけば，子どもたちの態度も変わります。

そこで，ショートタイムでよいので，様々な話す活動に取り組ませ，話すことが楽しいという雰囲気をつくっていきます。また，そういう雰囲気をつくり出すには聞く側の姿勢も重要になるので，「話し手に目を向ける」「うなずきながら聞く」などの約束を必ず押さえます。

具体的には，以下のような活動に取り組んでいくとよいでしょう。
①テーマを設定して行うスピーチ（ペアでの対話でも可）
②授業の中で考えたことをペアや小グループで伝え合う活動
③仲間のがんばりやよさを伝え合う一日の振り返り

こういった活動を，ショートタイムで，組み合わせながら行っていくことで，マンネリに陥らず子どもの意欲を持続させることができます。

ポイント！

●ショートタイムの活動を組み合わせて，毎日しかけていくべし！

聞き方の指導も重要です

全員で伝え合うときはサークルになるのも効果的です

ショートタイムでどんどん書こう！

時間　10分程度　　ジャンル　作文・日記

活動のねらい

様々なパターンの書く活動に取り組むことによって，書くことに対する意欲を高める。

■活動の概要

高学年ともなると，書くことに対する意欲の差，書く量の差が顕著になってきます。しかし，書くことの楽しさがあれば，どの子も書くようになります。書くことの技術を教えるよりも先に，「あ，書いてみたい」と思う意欲を引き出すことが先決です。

それには，以下のような言語活動がおすすめです。

- ●その日の振り返りを日記として書く活動
  →ファイリングしていくことで積み重ねが目に見え，意欲が継続します。
- ●短めの創作文を書く活動
  →書きながら交流することで，友だちから刺激を受けます。
- ●聴写や速写などの活動
  →正確さや文の量など，記録をとると燃えます。

これらの活動をショートタイムで継続的に行っていきます。よい作品や取り組みを学級に紹介することも有効です。

ポイント！

●ショートタイムでできる活動を，毎日しかけていくべし！

積み重ねが目に見えると意欲が継続します

書きながらの交流も，意欲をアップさせるコツです

第2章 今日からできる言語活動のアイデア 72

結末のうたを考えよう！

時間　30分程度　　ジャンル　創作

活動のねらい

教科書に載っていないうたを考えたり，その作品を相互評価したりすることによって，教材の理解を深める。

■活動の概要■

「世界でいちばんやかましい音」という物語文の中に，町の人が歌ううたが出てきます。しかし，それははじめの場面でしか出てきません。そこで，最後の場面のうたを考えようという活動です。

ポイントは，はじめのうたとの「対比」を意識して創作することです。やかましい音が好きだった「世界でいちばんやかましい町」が，クライマックス場面で大きく変容し，「世界でいちばん静かな町」になります。この変容を意識し，対比する言葉を吟味してつくられているかどうか，子どもたちに相互評価させます。

評価の方法は，句会のように作者は隠しておき，全員のうたを提示して投票させます。プリントに作品をまとめて刷っておくと時間短縮になります。どのうたがよいか選んで投票し，「クラスのうた」を決定します。そのときに，他の作品との違いを考えさせます。

ポイント！

❶「対比」を意識させるべし！
❷句会で選ばれた作品と他の作品の違いを考えさせるべし！

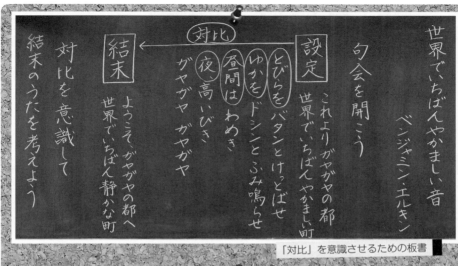

「対比」を意識させるための板書

学級全員のうたを載せ、句会で配布したプリント

立場と理由がはっきり伝わる意見文を書こう！

時間 45分

話し合い

活動のねらい

テーマについて意見を交流したり，双括型のモデル文を活用したりすることで，立場と理由を明確にした意見文を書けるようになる。

■活動の概要

作文が苦手な子に話を聞くと，多くの場合「何を書けばよいのかわからない」と答えます。そこで，意見文の単元の導入で，直感で立場を決められるテーマを設定し，自分の考えを文章に表現する楽しさを体験させます。

給食は，子どもたちが最も楽しみにしている時間の1つです。また遠足などで仲間とお弁当を食べることも大好きです。そこで「学校での昼食は給食がいいか，それともお弁当がいいか」というテーマを設定し，意見文を書かせます。まず，それぞれのよさをグループやペアで意見を交流しながら出し合わせます。このとき，子どもたちの意見を黒板に構造化して示すことが大切です。その後，双括型のモデル文を活用しながら意見文を書かせます。

ある程度慣れてきたら，資料や統計など客観的なデータを使うこと，相手の立場の問題点を指摘することなど，テクニック的な方法を教えていくのもよいでしょう。

ポイント！

❶それぞれのよさを出し合い，書くことをイメージさせるべし！
❷モデルを示して，双括型の意見文の構造をつかませるべし！

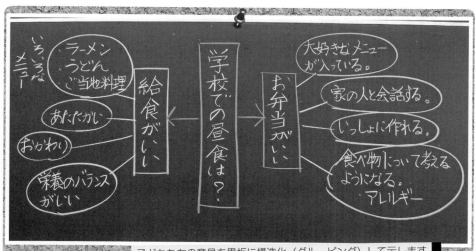

子どもたちの意見を黒板に構造化（グルーピング）して示します

おわり	なか	はじめ

はじめ：
ぼくは、学校での昼食は**給食の方がいい**です。理由は二つあります。

なか：
一つ目は、給食ではいろいろな料理を食べられるということです。ぼくはカレーライスもうどんも大好きです。

二つ目は、給食は栄養のバランスがいいということです。この前、家庭科の時間に野菜の大切さを学習しました。ぼくは野菜が苦手ですが、きちんと食べるようにしています。

おわり：
このような理由から、ぼくは学校での昼食は給食の方がいいと思います。

サイドラインのところだけ自分で考えます

説得力のある意見文を書くには、最初に自分の立場を表明することが有効です

「はじめ（立場）」「中（理由）」「おわり」の構成で双括型のモデル文を示します

第2章　今日からできる言語活動のアイデア72

「行事新聞」づくりで記事の書き方名人になろう！

時間：10分程度　ジャンル：創作

活動のねらい

記事内容を分担して班で新聞をつくることで、出来事の紹介の書き方や文章の構成を工夫できるようになる。

活動の概要

新聞づくりは、出来事を要約してわかりやすく紹介したり、その要旨を見出しに短くまとめたりするため、書く力を鍛えるためにとても有効な活動です。

この活動では、与えられた記事（取材）内容を分担して班ごとに新聞をつくり、それぞれの記事内容を班同士で比べることを通して、書く力を高めます。以下のそれぞれの活動を10分程度に区切ってもよいですし、分担が決まればすきま時間に進めることもできます。

①4～5人のグループをつくり、見出しに合う記事内容を1人が1つ選ぶ。
②担当記事を書く（ある程度形式を指定）。
③書いた記事を並べて台紙に貼り、新聞を完成させる。
④班ごとの記事内容を比べ、感想を交流する。

ポイント！

❶最初は記事内容別に書き方のモデルを示し、書き慣れさせるべし！
❷記事内容ごとに原稿用紙の色や囲みの色を変えて、同内容の記事や文章構成を比べやすくするべし！

見出しや写真は最初は指定し、慣れてきたら選ばせたり考えさせたりします。

- A …リード文
- B …発表の様子や感想
- C …友だちへのインタビュー
- D …総括

記事内容はA〜Dのほかに、他学年の発表の様子や感想、インタビューなども考えられます。班員数より少し多めに用意し、子どもに取捨させます。

行事新聞の概要

1の方が「力が入りました」とか、発表への強い思いを感じるよ。

例1
五年生は、全校朝会と合同音楽会に続いて三度目の大きな演奏会でしたが、最後の演奏だったのでとても力が入りました。でも、きんちょうした分、いい演奏ができたと思います。

例2
まずは、二年生が発表して、それから一年生がおどって、三年生が合奏して、四年生が劇をして、ぼく達の出番でした。ぼく達の発表では、歌と合奏をしました。今までで一番よくできたと思います。最高でした。

2の方が何をしたのか詳しく書いてるよ。

感想交流の例（発表の様子や感想（記事内容B）の比較場面）

最高学年へ ステップアップしよう！

 20分程度

 作文・日記

活動のねらい

行事で見た6年生の姿や，それを見て感じたことを継続的に記録していくことで，最高学年への意識を高める。

◀活動の概要▶

最高学年6年生。学校行事において，機関車となって全校を導いていきます。5年生にとって大切なのは，6年生の姿をしっかりと目と心に刻み，翌年，リーダーとしてどのように運営していくのかを意識することです。

各行事の後に，次のことをワークシートに記録させます。

- ●がんばっていた6年生はだれですか？
- ●その人にアドバイスを書いてもらおう！
- ●来年，この行事を動かす自分にメッセージを書こう

最大のポイントは，輝いていた6年生本人にアドバイスをもらうことです。

その他にも「この行事は何のためにありますか？」「6年生はどんなことに気をつけていましたか？」といったことを尋ねるのもよいでしょう。

ワークシートはファイルに蓄積し，1年後，実際に行事を運営する立場になったとき読み返します。5年生ならではの行事と関連させた言語活動です。

ポイント！

❶長期的な視野に立ち，年間を通じて継続して取り組むべし！
❷6年生への尊敬・感謝の念を活動の根幹とするべし！

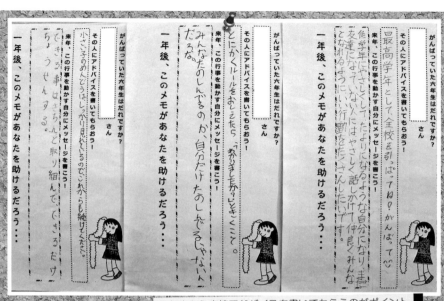

6年生から直接アドバイスを書いてもらうのがポイント

ファイルの表紙は思い思いに描き，1年間蓄積します

詩を1枚の図に表そう！

時間 20分程度

ジャンル 創作

活動のねらい

心情や情景を中心に詩を1枚の図に表すことで，作品の構造をより深く読み取ることができるようになる。

活動の概要

詩には，言葉の響きやリズム，構成・表現の工夫など，読解の視点が多様にあります。それに対し，心情や情景について詳しい描写をすることは意外と多くありません。

そこで，心情や情景を絵やふきだし，矢印などで図解し，詩の構造を明らかにする活動を行います。

構造を明らかにしやすくするために，まず白紙に1本の軸を引かせましょう。対称構造ならば縦に1本（軸を挟んで左右対称），時系列構造ならば横に1本（軸に沿って左から右へ）引かせます。そして，この軸を基準として，絵やふきだし，矢印を用いて図解していきます。

なお，詩の構造の理解を深める目的でこの活動を行う場合は，複数の詩を1つの図の中で比較させることも効果的です。

ポイント！

❶最初に1本の軸を引くことで，構造を図解する際の基準をつくるべし！
❷複数の詩を1つの図の中で比較することで，詩の構造の理解を深めさせるべし！

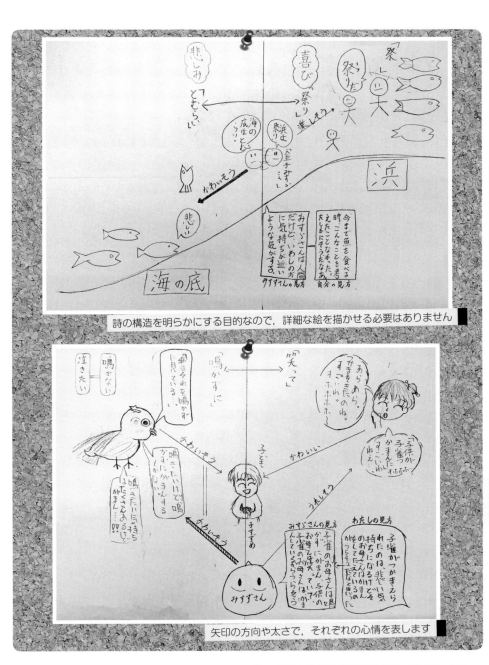

ペアで「新聞スピーチ」をしよう！

時間　２分程度　　話す・聞く

活動のねらい

新聞の内容に関する質問と解説のやりとりによって、「もっと聞いてみたい」と聞き手に思わせるようなスピーチができるようになる。

◀ 活動の概要

　新聞を学習に取り入れるメリットは、世の中の動きに興味をもったり、伝わる文章の書き方の参考にしたりするなどたくさんありますが、手軽に継続できるこんな活動はいかがでしょう。

　「今日のニュースは○○です」。まず解説者の子が、新聞の見出しを読み上げます。

　「もうちょっと教えてください」。次に質問者役の子が、大まかな内容の説明を求めます。

　「はい。○月○日、○○で…」。そして解説者は大まかな内容を話します。

　その後、質問者は詳しく知りたいことを１つ質問します。最後に、学級の他の子どもたちが、わからない言葉や記事の内容について質問したり２人のやりとりについて感想を伝えたりします。

　このように、質問者と解説者の２人がペアで話すことで、「もっと聞いてみたい」と引き込まれ、他の子どもたちの参加意識が高まるのです。

ポイント！

● 質問と解説のやりとりで、学級全員の参加意識を高めるべし！

テレビのニュース解説番組のようなイメージで

新聞スピーチの準備
1. 記事の見出し → 見出しをそのまま書く
2. どんなニュース？ → いつ どこで だれが… 5W1H
3. むずかしい言葉の意味 → 説明できるように調べておく
4. 予想される質問と答え → 原因や見通しなどを記事から調べておく

聞き手を引き込むスピーチをするためには事前の準備が大切です

マップで簡単に意見文を書こう！

時間　10分程度　　ジャンル　説明文

活動のねらい

マップに要素を整理していくことを通して，事実と意見の区別や理由が明確な意見文を書くことができるようになる。

活動の概要

6年生ともなれば，事実と意見をしっかりと区別して，自分の意見をもてるようにしたいものです。しかし，事実と意見を区別して文章を書くというのは，容易なことではありません。また，事実と意見を区別するだけでなく，事実と意見をつなぐ理由がはっきりしないと，読み手に対する説得力は生まれません。

理由を明らかにすると，同じ事実でも理由が異なれば違う意見になることを学べます。さらに，事実を見る観点を明らかにすると，事実はその人の観点によって異なった切り取り方がされることも学べます。

こういったことを意識していきなり意見文をつくるのは難しいことですが，右ページのようなマップにそれぞれの要素を書き込んでいくことによって，簡単な意見文をつくることができます。

マップの流れを意識することで，事実から意見をもつための構成も意識できるようになります。

ポイント！

●いろいろな話題で繰り返しやってみるべし！

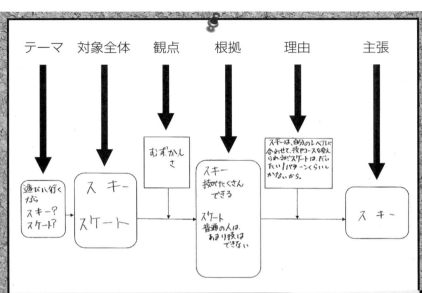

最初のうちは二者択一でテーマを設定し，取り組みのハードルを下げます

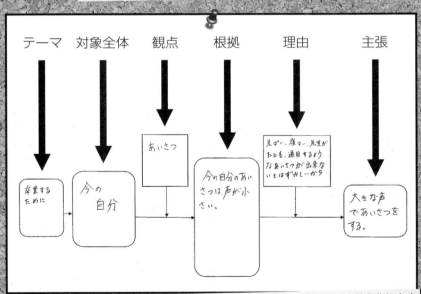

慣れてきたら「○○について」「○○のために」などテーマを抽象化します

「リレー読書」でいろんな本と仲良しになろう！

時間　10分程度

ジャンル　読書

活動のねらい

友だちの読んでいる本を少しずつ回し読みすることで、読書の幅を広げることができるようになる。

活動の概要

高学年になるにしたがって、子どもの好きな本の傾向ははっきりしてきます。自分と相性のよい作者の本を何冊も読んだり、様々な時代の代表的な人物の伝記を読んだりすることは、心を豊かにしたり、知識を豊かにしたりするうえで大変重要です。しかし、小学生の時期に様々な本を読める感性を身につけることも、後の読書生活の幅を広げるためにとても大切なことです。

ところで、高学年になると、子どもたちは、教師が紹介するよりも、友だちが紹介する方が興味をより強くもつようになります。そこで、いろいろな本があることを知り合うために、子どもたち同士で本の紹介をし合う場を意図的につくり出します。

例えば、朝の10分間読書などの時間を使って、本の回し読みをする「リレー読書」はいかがでしょうか。グループで本を回す順番を決め、それぞれの本を渡して3分間読みます。はじめからでも途中からでも、読み方は自由です。最後に持ち主に感想を伝え、次の人に本を渡します。

ポイント！

●とにかく、できるだけたくさんの友だちの本を読むべし！

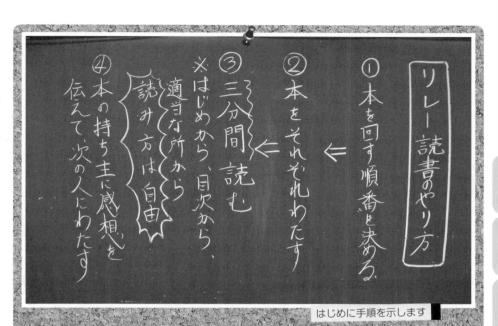

はじめに手順を示します

読んだら，感想を語り合おう

1分間で授業を振り返ろう！

時間　1分程度

ジャンル 話し合い

活動のねらい

授業でわかったことやその方法を，友だちとペアで振り返ることで，短時間で学習内容を整理できるようになる。

活動の概要

子どもに授業の振り返りをさせるのはとても大切なことだと言われます。学んだことを振り返ることで，その1時間の学習内容が頭の中に整理され，がんばった達成感も得られ，次の学習への意欲がわいてくるからです。

しかし，授業の終わりの5分間にノートやワークシートに「今日わかったこと」を書く活動には，毎回5分間を確保するのが難しい，授業で盛り上がった熱が冷めてしまう，といった課題があります。

そこでおすすめしたいのが，ペアで，口頭で行う，1分間という短い時間での振り返りです。授業終了1分前になったら，となり同士で，
①今日どんなことができた（わかった）か
②それはどうやったらできた（わかった）か
の2つを交互に話します。その後，日直が代表して，わかったこと，その方法を発表します。

ポイント！

❶2つのことを言わせるには導入でねらいと見通しをはっきりさせるべし！
❷日直の発表の後，教師が補足，称賛などを必ずするべし！

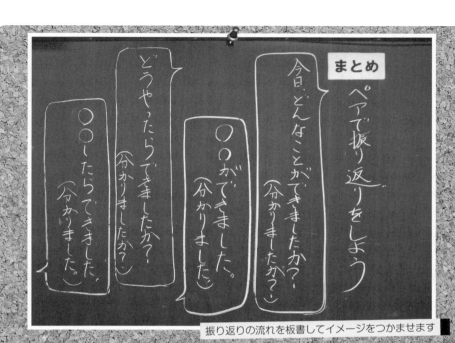

振り返りの流れを板書してイメージをつかませます

授業の熱気そのままに，となり同士でわいわい振り返りをします

「比べる」視点で古典の音読マスターになろう！

時間 10分程度

ジャンル：古典

活動のねらい

「比べる」という視点をもって，古典の音読を知的に，楽しくできるようになる。

活動の概要

６年生になったら，古典のおおよその内容を理解し，音読できるようにしたいものです。古典の文章は，現代の物語文などと比べてリズムがよいので，子どもたちは楽しんで音読をします。おおよその内容をわかって読む段階になると，一層感情を込めて音読していきます。作品の言葉の意味を基にして，ここは大きく元気よく音読するとか，ここは静かに音読する，といった工夫が生まれてきます。

ここでさらに，「比べる」という視点で言葉にもっと着目し，音読をしていくと，作品世界を一層くっきりと思い描き，声に表すことができるようになります。

観点を定め，作品の言葉同士で対比できるものを探していきます。例えば，「出てくる鳥の数」ならば，多いか少ないかで対比できます。観点に基づいて対比するものを探し，コントラストをつけて音読することで，作品世界がぐっと自分に迫ってきます。

ポイント！

●比べる基になる「観点」を意識させるべし！

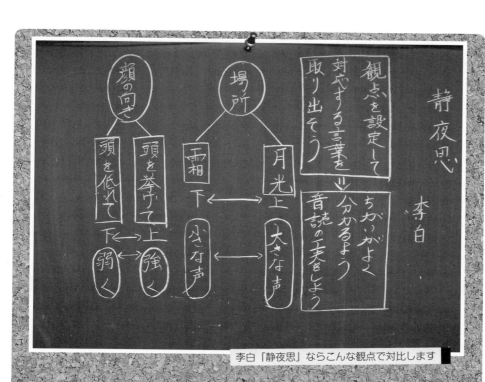

李白「静夜思」ならこんな観点で対比します

工夫した音読はとなりの席の友だちに聞いてもらいます

「1回で終わらない質問や意見」を考えよう！

時間 : 15分程度
ジャンル : 話し合い

活動のねらい

「1回で終わらない質問や意見」を考えることで，形式的な話し合いになりがちな児童総会での質疑応答，意見交換を活発にする。

◆活動の概要

児童総会で，その年の活動計画を審議したり，活動の報告をしたりすることはよく行われていると思います。6年生の児童会役員が発表し，その後，質疑応答や意見交換の場が設けられることが多いでしょう。

この活動は，児童会活動への主体性を高め，活動をよりよくしていくために大切なものなのですが，なかなか盛り上がらないのも事実です。その原因の1つとして，フロアからの発言者が深まりにつながる質問や意見を持ち合わせていないということがあげられます。

では，深まりにつながる質問や意見をつくるにはどんなことが必要でしょうか。それは，「1回で終わらない質問や意見」をつくることです。そこで，「この質問にこう答えたら，こう意見を言おう」「この意見に対してこう答えたら，重ねてこんな意見を言おう」というように質問や意見をつくらせます。

ワークシートに書き込むだけで簡単にできる活動です。

ポイント！

❶相手の反応を予想し，一貫性をもって質問・意見を付け加えさせるべし！
❷つくった質問・意見は称賛し，自信をもって発言させるべし！

保健委員会へ

質問・意見と理由を書こう

紫外線対策をやる時、しっかり呼びかけをしたほうがよかったと思います。理由は、呼びかけをしているところを見たことがないからです。

答えの予想と意見を書こう

予想される答え	意見と理由
しっかり呼びかけが出来なかったと思います。	みんなに分かってもらえるように呼びかけをする人を増やしたらいいと思います。
呼びかけをする人は、たくさんいましたがあまり効果がありませんでした。	ポスターなどを作り、目立ちやすい所にはったらいいと思います。そうすれば、みんな見てくれると思います。

▶ ワークシートの項目に沿って書き込みます

児童総会の前にリハーサルし、発言への自信をつけます

修学旅行の思い出の1枚でスピーチしよう!

時間　1分程度　　ジャンル　話す・聞く

活動のねらい

修学旅行の写真を見せながら短い時間で思い出を語ることで，資料を提示して話す力の基礎を伸ばす。

◀活動の概要▶

6年間の最大行事，修学旅行。小学校時代の一番の思い出としてあげる子も少なくありません。この思い出を，学級で楽しく共有したいものです。

そこでおすすめなのが，修学旅行で一番思い出に残っている写真を見せながらのスピーチです。例えば，以下の4つについて1分で話をします。

①自分がやったこと（行ったところ）　②自分が思ったこと
③そのときの気持ち（ひと言で）　　　④これからしたいこと

修学旅行のバスレクの写真だったら「連想ゲームをやりました」「なかなか当たらないなあって思いました」「楽しかったです」「お楽しみ会でも連想ゲームをやってみたいです」という感じです。

教師は，項目に沿って話ができているかどうかを主に指導します。また，一緒に写っている友だちに「このときどう思っていましたか？」など質問すると，教室全体を巻き込んで楽しい時間になります。

ポイント!

❶話す項目を決め，何について話すのかはっきりさせるべし！
❷場面を想起できるように，写真はできる限り大きく提示するべし！

思い出写真スピーチ	
名前	
自分がやったこと	おばけやしき
自分が思ったこと	おばけやくの人のえんギが人コゎかった。
そのときの気もち	きょうふ。
これからしたいこと	もっとこわいおばけやしきに行きたい

各項目について短い言葉でスピーチメモをつくります

写真はデジタルテレビなどでできる限り大きく提示します

第2章 今日からできる言語活動のアイデア72

「卒業カウントダウンカレンダー」をつくろう！

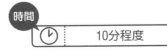

> **活動のねらい**
> 自分で設定した観点に基づいて，具体的なエピソードの共通点を見つけられるようになる。

◤活動の概要

　６年生の卒業前。子どもたちはふわふわと落ち着きがなくなりがちです。そんなとき，一日の始まりにクラスがよい方向に向かう雰囲気づくりをしたいものです。

　そこでおすすめしたいのが「卒業カウントダウンカレンダー」づくりです。まず，その日の担当者が，前日までに日めくりカレンダー風のワークシートに，以下の３つを書いておきます。そして，それを朝の会で発表したうえで教室に掲示していきます。

①**クラスのみんなのいい姿（２つ）**
②**２つのいい姿の共通点**
③**そこから考える「今日一日クラスで大切にしたいこと」**

　この活動は，改めて友だちのよさに気づいたり，生活のめあてをもつことにつながり，卒業前の教室の雰囲気が，温かく，また凜としたものになります。

ポイント！

●共通点は「行動」「気持ち」などの観点を示しておくべし！

毎朝交替で仲間に語りかけます

からのひとことメッセージ

①クラスのみんなのいい姿を２つ書こう
・仲がいい　　　・外で元気に遊ぶ。

②２つのいい姿の共通点を書こう

　　行動　　　という点から見ると

　　男女仲がいい。　　という共通点がある

④そこから考える「今日一日クラスで大切にしたいこと」
男女仲よく遊ぼう。

観点を定めて共通点を見つけます

本を選んで調べよう！

時間	ジャンル
授業の中で随時	 語彙

活動のねらい

国語辞典や百科事典，本などを使ってまとめることで，目的に合った調べ方ができるようになる。

■活動の概要

　本を使って調べる活動の代表は，中学年から本格的に始まる国語辞典，漢字辞典を使った活動です。ここでは，国語辞典や百科事典，その他の本など「本で調べる」ことを通して，目的に合わせた調べ方があることに気づかせるための活動を紹介します。

　「チョコレート」「まくら」など身近な生活に関係がある言葉を４つ程度提示します。まずは，その中から１つを選び，国語辞典で意味を調べさせます。次に，百科事典で同じ言葉について調べ，つくり方や歴史などに触れさせます。こうすることで，１つの言葉がどのような観点でまとめられているのかということに興味がもてるようになります。

　さらに，他教科での学習を生かして「法隆寺の大仏」と「鎌倉の大仏」など，類似した２つの言葉に注目する場合にも挑戦させたいものです。ここでは，百科事典に限らず様々な本で調べ，自分なりのまとめ方を楽しませます。

ポイント！

❶調べる言葉は，身近な生活に関係するものを準備するべし！
❷本を選ぶ時間を十分に確保するべし！

4つ程度の言葉を提示し，選んで調べさせます

目的に合わせた調べ方ができるようになることを目指します

第2章 今日からできる言語活動のアイデア72　153

保護者懇談会を予想して物語を書こう！

| 時間 | 20分程度 | ジャンル | 作文・日記 |

活動のねらい

保護者懇談会のときに保護者と担任で話している様子を，表現を工夫して物語にする。

◾ 活動の概要

２学期の終盤に保護者懇談会を行う学校は多いと思います。そのときに保護者と担任が話している様子を想像して物語を書かせるという活動です。この活動には３つの意味があります。

１つめに，これまで学んできた文章表現の力を発揮させることができます。２つめに，子どもが自分の学習・生活状況をどのようにとらえているかが担任によくわかります。そして３つめに，書いた物語を懇談会の冒頭で，保護者に読んでもらうと，懇談会の雰囲気がぐっと和やかなものになります。

やり方はとても簡単です。

まず，設定を提示します。「透明人間になって懇談会の様子を見ている」とか，「先生の机の後ろに隠れて懇談会の様子をのぞいている」ということにします。次に，内容を提示します。「学習のこと」「生活態度のこと」といったように大まかなものにします。そして，流れを提示します。教室におうちの方が入ってきてから，教室を出ていくまでとします。

ポイント！

● 書き出しで悩まないよう冒頭の一文を決めるべし！

保護者こんだん会を物語にしよう

【設定】
保護者こんだん会でどんなことが話されるか気になった私は、とう明人間になってこんだん会の様子を見ていた。

【こんだん内容】
学習面（学校・家庭）
生活面（学校・家庭）

【書き出し】
いつから いつまでか
おうちの方が教室に入る所から教室を出て行くまで

【おわり】
「ガラガラ」ドアを開けてお母さんが入って来た。
服装・表情なども入れるとリアルになります。

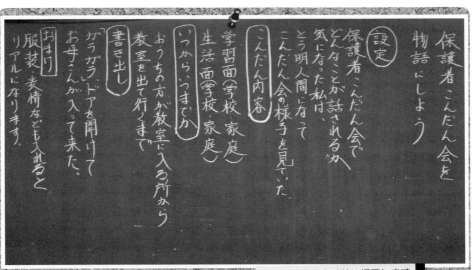

設定や内容を書く前に提示します

「トントントントン」ドアをノックして女の人が入ってきた。いつもと違うのか楽しみなのかよくわからない表情だ。そのうちの人はぼくの母だ。絶対に着ないような服をきていた。

まずは、学習面の話だ。お母さんがはじめに、学校での授業はどうですか、先生が、みんなの個性や体操の決め方がよくなってきます。ぼくは、とってもうれしかと答えてくれた。

次は、宿題のこと、お母さんは、毎日出しています。と答えてくれた。次は、生活画について聞いた。先生は、はい、少しはっとしていた。お母さんは、家では、自分の仕事をやったりもやっています。と答えてくれたことがあるよりと学校では、ぼく、お母さんは、先生は、後の仕事を学覚会のことやってくれた。とってもうれしかった。お母さんは、ほっとしていたが、話が終わる

子どもが自分の学習・生活状況をどうとらえているかがよくわかります

別れる友に四字熟語を贈ろう！

時間 30分程度
ジャンル 創作

活動のねらい
卒業に際して，自分の想いを四字熟語に込めて学級の仲間に伝える。

◀ 活動の概要 ▶

まずは，辞書に載っている四字熟語から好きなものを探します。4つの漢字それぞれに込められた意味があることを知るのが目的です。

次に，学級や仲間から連想される言葉やイメージを考えます。そして自分の想いを漢字四字に込めます。つまり，自分の思いを込めたオリジナルの四字熟語をつくるのです。

ひと口にオリジナルといっても，つくり方は様々なので，あらかじめいくつかの方法を提示します。

- ●元からある四字熟語を変化させてつくる（アレンジ四字熟語）
- ●リズムや形を意識してつくる（一○一○など）
- ●伝えたい想いで漢字を選んでいく（創作四字熟語）

最後に，でき上がった四字熟語をその意味（メッセージ）とともにまとめます。それらを集めて冊子にすれば，卒業前にお互いの想いを知り合うことができます。

ポイント！
❶つくり方の手法を示すべし！
❷冊子にまとめて学級で共有するべし！

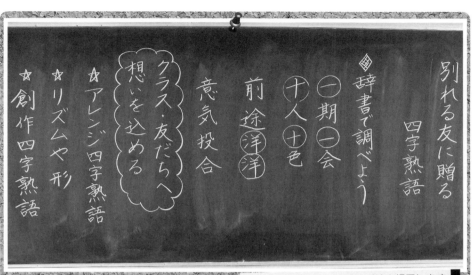

考えさせる前につくり方の手法を提示します

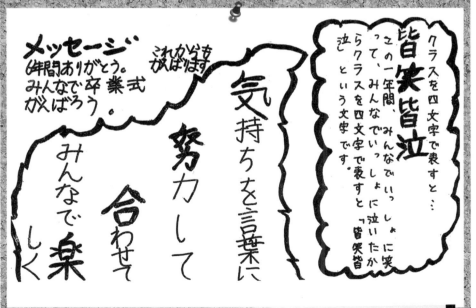

「喜怒哀楽」のアレンジ四字熟語（左）と創作四字熟語（右）

【執筆者一覧】

二瓶　弘行（筑波大学附属小学校）

井上　幸信（新潟県加茂市立石川小学校）
岩崎　直哉（新潟県五泉市立五泉南小学校）
大江　雅之（青森県八戸市立町畑小学校）
笠原　冬星（大阪府寝屋川市立成美小学校）
加地美智子（香川大学教育学部附属高松小学校）
梶　　貴志（香川県高松市立牟礼小学校）
小林　康宏（長野県佐久市立岩村田小学校）
佐藤修太郎（山形県鶴岡市立朝暘第五小学校）
宍戸　寛昌（立命館小学校）
白井　　敬（長野県佐久市立岩村田小学校）
田﨑伸一郎（香川大学教育学部）
谷内　卓生（新潟県糸魚川市立糸魚川小学校）
長屋　樹廣（北海道網走市立網走小学校）
流田　賢一（大阪市立本田小学校）
広山　隆行（島根県安来市立島田小学校）
藤井　大助（香川県高松市立古高松小学校）
藤原　隆博（東京都江戸川区立船堀第二小学校）
弥延　浩史（青森県藤崎町立藤崎小学校）
山本　真司（南山大学附属小学校）

【編著者紹介】

二瓶　弘行（にへい　ひろゆき）
筑波大学附属小学校教諭
筑波大学非常勤講師
基幹学力研究会国語代表，全国国語授業研究会理事，東京書籍小学校国語教科書『新しい国語』編集委員
著書に，『子どもがグーンと賢くなる　面白小話・国語編』（明治図書，2006年），『"夢"の国語教室創造記』（東洋館出版社，2006年），『基幹学力をはぐくむ「言語力」の授業』（明治図書，2011年），『二瓶弘行の「物語授業づくり一日講座」』（文溪堂，2011年），『子どもがどんどんやる気になる　国語教室づくりの極意　学級づくり編』（東洋館出版社，2015年）他多数

【著者紹介】

国語"夢"塾（こくご"ゆめ"じゅく）

子どもがいきいき動き出す！
小学校国語　言語活動アイデア事典

2015年8月初版第1刷刊　Ⓒ編著者　二　瓶　弘　行
発行者　藤　原　久　雄
発行所　明治図書出版株式会社
http://www.meijitosho.co.jp
（企画）矢口郁雄（校正）大内奈々子
〒114-0023　東京都北区滝野川7-46-1
振替00160-5-151318　電話03(5907)6701
ご注文窓口　電話03(5907)6668

＊検印省略　　組版所　藤原印刷株式会社

本書の無断コピーは，著作権・出版権にふれます。ご注意ください。

Printed in Japan　　　ISBN978-4-18-185017-3
もれなくクーポンがもらえる！読者アンケートはこちらから　→

大好評につき続々**重刷**

学級力がアップする！
教室掲示 & レイアウト アイデア事典

静岡教育サークル「シリウス」編著

教室の「いいね！」を集めたアイデア事典

子どもの個性が光る係活動のポスター、給食が楽しみになる献立表、教室がスッキリする収納術…などなど、小さな工夫ながら学級の雰囲気がガラッと変わる教室の掲示物やレイアウトのアイデアを、実際の写真とともに多数紹介。さぁ、学びの空間をデザインしよう！

A5判／144頁／1,700円＋税
図書番号：1153

明治図書 携帯・スマートフォンからは **明治図書 ONLINE へ** 書籍の検索、注文ができます。▶▶▶

http://www.meijitosho.co.jp ＊併記4桁の図書番号（英数字）でHP、携帯での検索・注文が簡単に行えます。
〒114-0023 東京都北区滝野川7-46-1 ご注文窓口 TEL 03-5907-6668 FAX 050-3156-2790

＊価格は全て本体価表示です。

Printed in Japan